**rowohlts
monographien
herausgegeben
von
Kurt und Beate Kusenberg**

Adolf Hitler

in Selbstzeugnissen
und Bilddokumenten
dargestellt von
Harald Steffahn

Rowohlt

Dieser Band wurde eigens für «rowohlts monographien» geschrieben
Den Anhang besorgte der Autor
Herausgeber: Kurt und Beate Kusenberg
Assistenz: Erika Ahlers
Schlußredaktion: K. A. Eberle
Umschlagentwurf: Werner Rebhuhn
Vorderseite: Reichsparteitag 1934 (Foto: Heinrich Hoffmann)
Rückseite: Auschwitz-Birkenau (Panstwowe muzeum, Auschwitz)

Veröffentlicht im Rowohlt Taschenbuch Verlag GmbH,
Reinbek bei Hamburg, Januar 1983
Copyright © 1983 by Rowohlt Taschenbuch Verlag GmbH,
Reinbek bei Hamburg
Alle Rechte an dieser Ausgabe vorbehalten
Satz Times (Linotron 404)
Gesamtherstellung Clausen & Bosse, Leck
Printed in Germany
780-ISBN 3 499 50316 6

Inhalt

Adolf Hitler: Fotografie aus «Mein Kampf»

Wandlungen im Hitler-Bild

In den Erinnerungen Albert Speers von 1969 ist ein Zukunftsmodell von Berlin abgebildet. Es wirkt wie eine Luftaufnahme auf dem Reißbrett und gibt anschaulich wieder, wie Adolf Hitler und sein Chefarchitekt sich die künftige Mitte des Tausendjährigen Reiches vorstellten. Sie sollte alles Dagewesene oder Vorhandene – und hierbei war vornehmlich an Paris gedacht – verkleinern und deklassieren. Herausragend, im Sinne des Wortes: ein Triumphbogen von 120 Metern Höhe, mit den Namen aller zwei Millionen deutschen Gefallenen des Weltkriegs 1914 bis 1918 sowie eine Kuppelhalle mit einer Höhe von 290 Metern und einem Durchmesser von 250 Metern, ausgelegt für 150 000 bis 180 000 Stehplätze. Auf der Spitze des Steingebirges thronte der Reichsadler, in den Fängen die Weltkugel ... Der Innenraum der Peterskirche hätte siebzehnmal in den Koloß hineingepaßt. Triumphbogen und Kuppelhalle, die «Höhepunkte» der Reichshauptstadt, erhoben sich am Beginn und Ende einer fünf Kilometer langen Nord-Süd-Achse, das Zweieinhalbfache der Champs-Élysées. Der gedachte neue Führerpalast verurteilte die ausländischen Diplomaten zu einem Anmarschweg von 500 Metern: Unterwerfung durch einschüchternde Raummaße. Zu erwähnen vielleicht noch der Staatsbahnhof mit vier Verkehrsebenen und das Stadion der Vierhunderttausend, geplant für olympische Spiele mit Dauersitz in Deutschland.

Vor den Entwürfen der Gigantomanie träumte Hitler 1937: *Wir werden ein großes Reich schaffen. Alle germanischen Völker werden darin zusammengefaßt sein. Das fängt in Norwegen an und geht bis Norditalien. Ich selbst muß das noch durchführen. Wenn ich nur gesund bleibe!*[1]* Als späteren neuen Namen der Metropole hatte er «Germania» im Sinn.

Bei Speer findet der Leser zwei Skizzen Hitlers aus der Mitte der zwanziger Jahre: Triumphbogen und Große Halle, Vorläufer der ähnlich konzipierten neubarocken Ungeheuer, die ein Jahrzehnt danach die Welthauptstadt Berlin im Planungsbüro krönten. Bemerkenswert, wie Hitler mitten in der Kampfzeit, als Chef einer Splitterpartei mit geringen Aussichten, seine Herrschaftsträume von einem neogermanischen Großreich mit dem Zeichenstift festgehalten hat. Denn wozu eine raumsprengende Repräsentations-Architektur in einem Staat von europäischem Normalumfang? Der Parteiführer mußte schon damals weit darüber hinausge-

* Die hochgestellten Ziffern verweisen auf die Anmerkungen S. 132f.

Modell von Berlin mit den geplanten Kolossalbauten Triumphbogen, Große Halle und Staatsbahnhof

dacht haben, allein nach seinem Skizzenblock geurteilt. Der bautechnische Weltmachtstil in Speers Entwürfen setzte lediglich um und führte aus, was der Bauherr lange mit sich herumgetragen hatte. Als Hitler eines Tages im Jahre 1935 die Skizze der Großen Halle, zehn Jahre alt, hervorholte und sie Speer schenkte, erläuterte er: *Ich habe sie immer aufgehoben, da ich nie daran zweifelte, daß ich sie eines Tages bauen werde.*[2]

Entwerfen und Bauen war für Hitler Weltanschauung in Stein. Zeitgleich mit den ersten Entwürfen für das monumentale Äußere des kommenden Reiches entwickelte der Parteiführer seine Vorstellungen von dessen räumlicher Ausdehnung und der inneren Gestalt: in der programmatischen Schrift *Mein Kampf.* Die Herrschaftsvision per Diktat ergänzte diejenige auf dem Zeichenblatt, oder umgekehrt. Darin lagen Logik und Konsequenz, ja, es war Prophetie in eigener Sache, denn derselbe Mann hat, nachdem er an die Macht gekommen war, seine Zukunftsbilder mit äußerster Entschlossenheit zu verwirklichen gesucht. Ist es schon höchst ungewöhnlich, daß ein Politiker im voraus ein Kursbuch aggressiver Herrschaftsziele veröffentlicht, so kennt die Geschichte kein zweites Beispiel, daß er anschließend die Züge unbeirrbar nach dem ursprünglichen Fahrplan auf die Reise schickte.

Erstaunlicher nur als die Willenseinheit im Planen und Ausführen, hinweg über alle Wechselfälle des persönlichen Aufstiegs und der europäischen Allgemeinentwicklung von zwanzig bis fünfundzwanzig Jahren, ist die Hartnäckigkeit, mit der die Forscher die zugrunde liegende Weltanschauung lange übersehen und bestritten haben. Obwohl zutage liegt, daß der Staatsmann und Feldherr Hitler den Demagogen und Programmatiker Hitler Punkt für Punkt erfüllt und bestätigt hat, wurde ihm jahrzehntelang jedes zusammenhängende Weltbild abgesprochen. Als prinzipienloser Machtmensch geistert er durch die älteren Bewertungen. Nicht wenig trug *Mein Kampf* dazu bei. Haß, Aggressionen, Pathos und irrtumstrotzende Halbbildung standen vorurteilsfreier Prüfung ebenso entgegen wie die unsystematische Anlage der Schrift und ihr propagandistischer, vom Redeton her gedachter Duktus. Die geschulten Denkapparate der Historiker wurden davon irritiert wie saubere technische Geräte durch ein nicht entstörtes altes Modell. *Mein Kampf* blieb der ungelesenste Bestseller der Weltliteratur.[3]

Überdies hatte ein beachteter Hitler-Kritiker die Interpretationen in die Fehlrichtung gelenkt. Hermann Rauschning, einstiger Danziger Senatspräsident von anfänglich nationalsozialistischer Couleur, hatte bis zum Abfall viele freimütige Äußerungen des Reichskanzlers vernommen, sich dabei vom opportunistischen Plauderton täuschen lassen und auf grundsätzliche Richtungslosigkeit geschlossen. Daraus entstand der Buchtitel «Revolution des Nihilismus», 1938. Der Nationalsozialismus, schrieb er, kenne kein wie immer geartetes Ziel, das er nicht um der Bewegung willen aufzustellen oder preiszugeben bereit sei. Totale Herrschaft um ihrer selbst willen bilde das alleinige Prinzip.

Die erste wissenschaftliche Biographie, Alan Bullocks allgemein ge-

Hitlers erste Skizze zur Großen Halle, entstanden 1925

Hitler mit Speer und Sauckel vor einem Modell

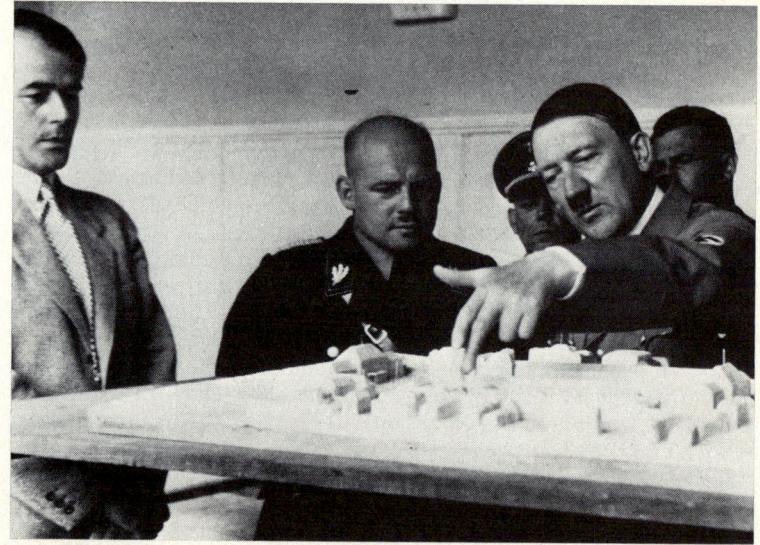

rühmte «Study in Tyranny» von 1952, brachte sich in der Kernaussage um ihren Wert, denn sie deckte sich darin fast wörtlich mit Rauschnings verfehlter Sicht. Und so ging es weiter bei allen sonstigen Fortschritten in der biographisch-historischen Durchdringung der Person und der Epoche. Die geschichtsrichterliche Zunft sträubte sich, den Hauptangeklagten zur Wahrheitsfindung ernsthaft zu befragen. Von einer einsamen, ungehörten englischen Stimme abgesehen (R. C. K. Ensor, Oxford 1939), fanden die Historiker sich erst in den fünfziger und sechziger Jahren bereit, die unerquickliche Grundschrift des großen Ruinierers ohne Zorn und Eifer zu lesen – oder überhaupt zu lesen –, Text und Taten nüchtern zu vergleichen.

Wieder ging ein Oxford-Mann voran, Hugh Trevor-Roper, 1953 und 1959/60. Hitlers Weltanschauung habe seit 1923 festgestanden; im Osten ein großes deutsches Reich zu errichten, sei der Traum seines Lebens gewesen. Den Fachkollegen warf er vor, der Abscheu vor Hitlers Unmenschlichkeit habe sie für seine in sich geschlossene Vision der Weltgeschichte blind gemacht, sie gehindert, ihm Denkschärfe und zielbewußtes Handeln zuzutrauen.

In Deutschland setzte eine neue Historiker-Generation den bezeichneten Weg entschlossen fort. Martin Broszat dehnte die Betrachtung 1960 auf die von Trevor-Roper wenig berücksichtigte Judenpolitik aus und nannte Hitlers Antisemitismus die vielleicht einzige Überzeugung, die bei ihm nicht opportunistisch manipulierbar gewesen sei. Ernst Nolte erkannte eine weltanschauliche Folgerichtigkeit, die einem den Atem verschlage (1963). Die neuen Einsichten ließen auch Alan Bullock umdenken. In einer überarbeiteten Neuausgabe seiner Biographie räumte er zehn Jahre nach der Erstfassung ein, Hitler habe an den Zielsetzungen des Buches *Mein Kampf* bis zuletzt konsequent und mit erstaunlicher Willenskraft festgehalten.

Wichtige Gedankenschritte auf dem mühevollen Weg der Umorientierung leistete Eberhard Jäckel 1969: «Hitlers Weltanschauung – Entwurf einer Herrschaft». Er ordnete das verstreute, unzusammenhängend hinterlassene Material zum Welt- und Geschichtsbild wie in einem Puzzlespiel. Und da ergab oder bestätigte sich zweierlei. Hitlers Weltanschauung hatte in den zwanziger Jahren ihre Endgestalt gewonnen; ihre Kernmotive waren Rasse und Lebensraum.

Jäckel konnte für die erweiterte Neuausgabe seines Essays (1981) die mittlerweile vorliegenden «Sämtlichen Aufzeichnungen» Hitlers bis 1924 zusätzlich verwerten. Dieser Sammelband von 1980 (Jäckel und Kuhn), ein Glanzstück schürfender und nutzbar präsentierter Quellenkunde, vervollständigt die schon vorher bekannt gewesenen Selbstzeugnisse bis zum Ende der Landsberger Festungshaft und bildet nun die dritte Textgrundlage für Hitlers Werdezeit. Er selber hatte 1925 und 1927 in zwei Teilen *Mein Kampf* veröffentlicht. 1961 brachte Gerhard Weinberg «Hitlers Zweites Buch» von 1928 unter dieser nachträglichen Bezeichnung heraus.

11

1936: Hitler auf dem Nürnberger Parteitag

Hatte Jäckel noch 1969 heftig gegen die älteren Ansichten vom reinen, ziellosen Machtstreben gestritten, so spricht er in der Neufassung nur noch von der «kaum glaublichen Geschichte der Unterschätzung Hitlers»[4] als von etwas Überwundenem, denn: «Inzwischen hat sich das Urteil gewandelt.»[5] Daß schon der Parteiführer lange vor der Berufung zum Kanzler entschlossen gewesen war, Rußland zu erobern und die Juden zu entfernen (bis zu welchem Grade auch immer), bezweifelt kein Sachkenner mehr. Den Rezeptionsweg ungewohnter neuer Anschauungen hatte Gustav Freytag einmal ironisch so beschrieben: Zuerst heiße es, das sei nicht wahr, sodann: es schade der Kirche, zuletzt: das wisse doch jedes Kind.

Niemand kann allerdings bisher schlüssig beweisen, wann Hitlers Feindschaft gegen die Juden angefangen hat, und auf Grund welcher Einwirkungen. Entschieden ist nur, wann der Antisemit Hitler praktisch fertig dastand. Über Mutmaßungen und Assoziationen für die weltanschaulichen Ansätze dieser späteren einzigartigen Haßverdichtung kommen wir nicht hinaus, und allem Anschein nach wird es so bleiben. Martin Broszat faßte die Vergeblichkeit 1980 in dem Satz zusammen, «daß wir Sicheres ... über die Entstehungsgeschichte des Hitlerschen Antisemitismus [nicht] wissen»[6].

Auf anderen Teilgebieten der Hitler-Forschung und -Deutung glückten Durchbrüche leichter oder gar kampflos, begünstigt durch teilweise gelassenere Betrachtung aus wachsendem Zeitabstand. Aber auch dort brauchte die Versachlichung Zeit und lange Wege.

Wie der ideologische Umriß zunächst verfälscht worden war, so der biographische. Hatte auf jenem Gebiet Hermann Rauschning in die falsche Richtung gewiesen, so war es auf diesem Konrad Heiden gewesen, auch in den dreißiger Jahren. Seither vervielfältigte sich die Mär vom Wiener Vagabunden und herumlungernden Obdachlosen; glaubhafter noch dadurch, daß Hitler aus politisch-taktischen Gründen von sich selber das Zerrbild qualvoller Armut entworfen hatte.

Die Wahrheit kam schrittweise ans Licht. Die meiste quellenkundliche Kärrnerarbeit bewältigte Werner Maser mit wahren Zettelkasten-Orgien und ständig ergänzten Neufassungen seiner faktenüberhäuften Biographie von 1971. Unentwegt polemisierend, verschont er den Leser mit keiner Variante anderer, selbstredend irrender Autoren. Doch in aktendetektivischer Gründlichkeit ist er schwerlich zu übertreffen. Er entkräftete die Legenden vom unsteten Wiener Hungerleider. Diese Lebensphase stellt sich heute sehr viel anders dar.

Noch ehe die Materialschlachten mit lebenskundlichem Fundgut 1976 in John Tolands 1200 Seiten starkem «Adolf Hitler» wohl an ihre Grenzen gelangt waren, hatte Joachim Fest den Gegenstand unter anderer Blickrichtung und mit anderem Instrumentarium erschlossen. Nachdem die Lebenstatsachen, soweit überhaupt möglich, weitgehend ermittelt zu sein schienen, die Konturen des Zeitalters, soweit jener Name es beherrscht, feststanden, sah er mittlerweile die wichtigere Aufgabe des Historikers in

Nürnberger Parteitag 1937. Hinter Hitler links Heinrich Himmler, rechts Rudolf Heß

Deutungen und Durchblicken statt in fußnotenseliger Detailkunst; kann doch das Literaturgebirge «Hitler» schon keiner mehr ersteigen. Bei aller biographischen Sorgfalt fragt er vor allem nach den Gründen des Erfolgs und der Wirkung dieses Mannes und seiner beispiellosen Energieentladung. Mit psychologisch-analytischem Scharfsinn legt er in immer wiederholten Anläufen wahrhaft erschöpfend dar, wie Hitler die untergründigen Ängste, Sehnsüchte, Ressentiments der Massen in medialer Wechselbeziehung auffing und zurückwarf. Ohne Hitler bliebe die Epoche unverständlich; er ist nicht als isoliertes, selbsttätiges Verhängnis von ihr abzulösen.

Dem Druckwerk von 1973, in der brillantesten Wissenschaftsprosa dieser Jahrzehnte, folgte 1977 sein Film über Hitlers Karriere. Alle Zuschauer, auch die es gern vergessen hatten, erlebten in beklemmender Leinwand-Unleugbarkeit lange Sequenzen frenetischen Jubels und taumelnder Selbstvergessenheit. Deutschland hatte diesen Mann umtobt wie nen zuvor. Wenn Charisma und dessen Wirkung als geschichtliche Treibkräfte, als Anteilseigner des Weltganges studiert werden wollen, dann bieten sich solche Filmdokumente als lehrreich an. Beängstigend manche Szenen rauschhafter Verzückung und tranceartiger Vereinigungssehnsucht auf der einen Seite, berechnend hinausgezögerter Teilhingabe auf der anderen. Wer all das ignoriert oder als unerheblich abtut, kommt dem Charakter der Zeit nicht nahe.

Unbefohlener, willensfreier Personenkult wächst nicht auf dem Grunde bloßer irrationaler Gefühlsverbindungen. Da müssen Leistungen des Einen gegenüber den Vielen erbracht worden sein. Und wirklich hatte Hitler ja zunächst wichtige Versprechen erfüllt und sich gegen alle Voraussagen als fähiger Kanzler erwiesen. Diesen Tatbestand hebt Sebastian Haffner in seinen «Anmerkungen zu Hitler» von 1978 dadurch hervor, daß er den «Leistungen» und «Erfolgen» ein knappes Drittel des ganzen Textes einräumt – ein weiterer, besonders auffallender Schritt der Versachlichung. Man könne sich, ruft der Emigrant des Jahres 1938 als unverdächtiger Chronist in Erinnerung, «die dankbare Verblüffung», daß Hitler Millionen Menschen wieder Arbeit und Brot gegeben habe, «gar nicht groß genug vorstellen»[7].

Nach all den Kompendien des Fleißes stieß seine knappe, dabei essayistische Geschichtslektion in eine Bedarfslücke, obwohl die Frage, aus welchen Voraussetzungen Hitler möglich wurde, zur Macht gelangte, weithin offen bleibt. Elegant formulierend und ideenreich, erlöste Haffner jedenfalls in seiner ungehemmten Frische weitere unbequeme Wahrheiten aus der Tabuisierung oder rückte sie mehr in den Blick, ließ sie weniger leicht im Meer der Druckbuchstaben untergehen. Am Ende, wenn die Irrtümer, Fehler und Verbrechen vorübergezogen sind, ist Hitler auch bei ihm wieder im Lot – negativ.

Die Wahrheitssuche der letzten Jahrzehnte, von der hier in gedrängter Kürze nur die große Linie nachgezogen werden kann, mit wenigen Hauptsachen, hinter denen sich Bibliotheken zäher Kleinarbeit türmen – sie hat Hitler nicht aufgewertet, nur zurechtgerückt. Aus den Geschichtstrümmern der Täuschungen, Lügen, gebrochenen Verträge, gigantischen Zerstörungen und Vernichtungstaten sind lediglich Erkenntnisse vom wirklichen Ereignisgang freigelegt worden, auch wenn sie unliebsam sind. Das ist des Historikers Handwerk und Pflicht.

Dazu gehört Jäckels Feststellung in einem Vortrag «Hitler und die Deutschen» (1979), daß das Volk ihn «eher geliebt als gefürchtet» habe und «daß die Herrschaft Hitlers über die Deutschen keineswegs allein und nicht einmal überwiegend auf Terror beruhte» [8]. Wie sich mit diesem Sachverhalt zugleich Vernichtungsprogramme vertrugen, wird zu zeigen sein.

Die rücksichtslosen Richtigstellungen lassen den Einbruch des Dritten Reiches eher als Kausalitätsprozeß begreifen; sie helfen, Hitler zu entdämonisieren. Der Führer des Nationalsozialismus ist aus der deutschen Geschichte des späten 19. und frühen 20. Jahrhunderts hervorgegangen, wenngleich mit rätselvollen und vorbildlosen Zutaten, und muß aus ihr verstanden werden, muß vor allem von uns wieder hin- und angenommen werden. Er gehört uns leider. Eine Binsenwahrheit? Offensichtlich erst seit neuerem, sonst hätten die beiden Mitscherlichs nicht 1967 den Vorwurf der «Unfähigkeit zu trauern» erhoben.

In der Psychoanalyse ist «Trauerarbeit» ein schmerzhafter, selbstkritischer Loslösungsvorgang, schrittweise, von einem geliebten Objekt, ist das Hineinfinden in eine Verlustrealität. In diesem Falle heißt das: sich mit dem Verrat der Ideale durch einen Vergötterten auseinanderzusetzen und zugleich damit die Verbrechen, insonderheit den Millionenmord an den Juden, mitleidend zu verinnerlichen. Statt dessen hatten die Deutschen wie enttäuschte Liebende Hitler und alles damit zusammenhängende Geschehen affekthaft verdrängt, in kollektiver Gemütsabwehr aus dem Leben gelöscht, so gut es ging. Bei aller äußeren Bereitschaft «wiedergutzumachen», wie es in einer Traulichkeitsvokabel aus dem deutschen Märchenschatz heißt, blieb das Furchtbare im allgemeinen Bewußtsein doch unverarbeitet.

Das ist anders geworden. Die gedruckte Vergangenheitsschau hat dazu ebenso beigetragen wie, mit harten Denkanstößen, die filmische. Die Fernsehserie «Holocaust» aus Amerika erschütterte landesweit, obwohl man sie bei der Erstausstrahlung 1979 noch im Dritten Programm versteckt hatte. Auch bei der Serie «Ein Stück Himmel» 1982 – diesmal erlebt, nicht erfunden – bewies die Geschichte wieder ihr Überwältigungsvermögen, sobald sie sich in persönliche, nachzuerlebende Schicksale kleidet. Mit einemmal wuchs aus dem anonymen Gesamtdrama Judentum, mit dem abstrakten Unmaß seiner Zahlen, eine Einzeltragödie heraus, in die sich jeder einfühlend hineindenken konnte. Das hatte schon der postume Erfolg der armen Anne Frank gezeigt; das wiederholte sich verstärkt bei Janina David mit der anderen Größenordnung des schon fast mythischen Symbolnamens Warschauer Ghetto.

Ein Kind mit fassungslosen Augen wurde zum Reiseführer in die junge Vergangenheit. Das Schicksal, das sich in ihnen spiegelte, ergriff Ungezählte. Sie warteten auf die nächste Folge, als spürten sie, das sei ihre eigene, vergessene Geschichte. Sind wir doch fähig geworden zu trauern?

Der Müßiggänger

Herkunft und Kindheit

In der nationalsozialistischen Wochenzeitschrift «Das Reich» steht in der Ausgabe vom 16. April 1944 ein Artikel von Herbert Hahn, «Die Ahnenheimat des Führers», mit dem Untertitel: «Wo die Hitler'schen her san». Darin stimmt er ein Loblied an auf das niederösterreichische Waldviertel, auf seine geschichtlichen, kulturellen und «volksbiologischen» Werte. «Vom 15. Jahrhundert ab sind die Sippen der Hitler (auch Hüttler, Hidler oder Hiedler) im nordwestlichen, ursprünglichen Teil des Waldviertels nachzuweisen», sie alle «aus festem Stoff, ein hartes Geschlecht: Gesammelte Kraft, treu im Beharren, kühn und kernig und dabei doch voll seelischer Glut» – und der Führer des Großdeutschen Reiches der genealogische Gipfel.

Kritischere Ahnenforscher haben gefragt, wo namentlich die späten «Hitler'schen her san», seit zutage liegt, daß das Stammbaumgeäst in der großväterlichen Etage verschlungen ist. Hitler begnügt sich mit dem Hinweis, sein Vater Alois sei der Sohn *eines armen, kleinen Häuslers*[9] gewesen, gemeint: der Müllergeselle Johann Georg Hiedler im Dorf Spital bei Weitra. Als Großvater väterlicherseits kommt aber auch Hiedlers Bruder Johann Nepomuk, mit der Schreibweise Hüttler, in Betracht, ein Bauer in Spital.

Alois Hitler war 1837 unehelich geboren in Strones und trug lange den Namen seiner Mutter Maria Anna Schicklgruber, einer Bauerntochter aus demselben Ort. Bei seiner Geburt war sie 42 Jahre alt gewesen, hatte fünf Jahre danach den Hiedler geheiratet. Das Kind Alois wurde zu dem Zeitpunkt aus dem Haus gegeben und verbrachte seine weitere Kindheit bei Johann Nepomuk Hüttler, dem Schwager der Mutter. Der Junge lernte das Schuhmacherhandwerk, wanderte nach Wien und arbeitete als Geselle, trat aber bald in den hauptstädtischen Zolldienst ein. Mit Talent und Strebsamkeit diente sich der Volksschüler im Laufe der Jahrzehnte bis an die Karrieregrenze zwischen gehobenem und höherem Dienst hinauf («Zollamtsoberoffizial»).

Weit fortgeschritten auf diesem Weg und ohne Zwang äußerlicher Ansehensnachhilfe, legte er dennoch als fast Vierzigjähriger den mütterlichen Namen ab. Damals, 1876, begab sich Hüttler zum Pfarramt Döllersheim, wo Alois getauft war, und beantragte beim dortigen Geistlichen,

Hitler, etwa ein Jahr alt

ihn für ehelich auszuweisen; er sei der Sohn seines Bruders Johann Georg Hiedler – die drei beigebrachten Zeugen könnten es bestätigen. Das taten sie denn auch, mit jeweils drei Kreuzen als Unterschrift, da sie nicht schreiben konnten. Der Pfarrer änderte in der «Taufmatrik» den Vermerk «unehelich» in «ehelich» und versah den Alois mit dem Nachnamen «Hitler» – wohl weil er «Hiedler» in der Sprechweise des Hüttler als «Hitler» verstanden hatte.

Der ganze Vorgang war überdies illegal, weil das Gesetz für solche Legitimierung entweder die Anwesenheit des angeblichen Vaters oder eine rechtskräftige Urkunde von ihm verlangte. Hiedler war aber lange tot, die Mutter auch, und ein beweiskräftiges Dokument existierte nicht. Dennoch wurde die Amtshandlung des Pfarrers von den konsultierten Behörden des nachsichtigen Österreich gebilligt, und Alois Schicklgruber durfte sich fortan Alois Hitler nennen.

Nur: Hiedler hatte ihn nie als Sohn anerkannt, ihn wohl auch deshalb nicht bei sich wohnen lassen. Johann Nepomuk Hüttler dagegen hatte ihn aufgezogen, war stolz auf seinen Zögling, der höher gestiegen war als je einer zuvor in der Sippe im Waldviertel, im «Armenhaus» der Monarchie. Hüttler, relativ wohlhabend, vermachte ihm auch sein Barvermögen, bzw. es war, als er starb, wohl schon in dessen Hände übergegangen; die gesetzlichen Erben fanden nichts mehr vor. War also der Ziehvater auch der wirkliche? So viel dafür spricht: Warum aber ließ er den Alois seinem Bruder zuschreiben? Als Witwer brauchte er den einstigen Seitensprung doch nicht mehr aus häuslichen Rücksichten zu verbergen. Alois selber hielt sich für den Sohn des Hiedler. Hiedler oder Hüttler – das ist hier die Frage. Ein zweifelsfreier Nachweis für den einen oder anderen fehlt.

Man könnte dies getrost auf sich beruhen lassen, hätte nicht die Unsicherheit der Abkunft, von der Hitler wußte, außerordentliche Folgen gehabt. Es spukte nämlich noch eine ganz andere Version, angeregt nicht zuletzt durch ein Foto von einem Grabstein auf dem jüdischen Friedhof von Bukarest, wo unter hebräischen Schriftzeichen der lateinisch geschriebene Name Adolf Hittler steht, sechzigjährig gestorben 1892. Spekulationen über eine mögliche jüdische Blutmischung bei Adolf Hitler («Vierteljude») nährten sich aus der Behauptung, die Großmutter Schicklgruber sei in dem «kritischen» Zeitabschnitt in einem jüdischen Haushalt in Graz angestellt gewesen. Sogar von langjährigen Alimenten eines mysteriösen Juden Frankenberger war die Rede. Diese Mutmaßungen sind entkräftet.[10] Sie waren es aber nicht während der Jahrzehnte, in denen der Enkel der Maria Anna Schicklgruber-Hiedler politisch vorn stand – in einem rassistisch nicht erst durch ihn erhitzten Klima. Der Parteiführer der antisemitischen NSDAP, der leitende Staatsmann Deutschlands möglicherweise «jüdisch versippt»? Das durfte nicht sein. Aus der ungeklärten Vergangenheit folgte das psychologisch leicht nachzuvollziehende Bestreben, rassische Hygiene von anderen um so rigoroser zu verlangen, je weniger sie persönlich gewährleistet war. Es nimmt sich aus wie ein Wiederholungszwang eigener nagender Zweifel, daß nun Millionen Deutsche im «Ariernachweis» ihre nichtjüdischen Großväter vorweisen mußten.

Die Hebelwirkung traumatischer Rückstände tritt in Hitlers Lebensgeschichte noch weit schwerwiegender hervor. Seinen Handlungen als Staatsmann liegen zum Teil seelische Verheerungen der Frühzeit zugrunde. Die Selbstzeugnisse verraten wenig davon; wesentlichere Auskünfte müssen woanders eingeholt werden. Im stilisierten Werdegang fällt nur kontrolliertes Licht auf bruchstückhafte Mitteilungen. Dazu gehört nicht einmal das Geburtsdatum des «k. k. Zollamts-Offizialkindes» in Braunau am Inn: 20. April 1889. Wichtiger ist dem Demagogen von 1924, daß er wie symbolhaft in dem Grenzstädtchen zwischen Deutschland und Österreich zur Welt gekommen war: weil er *deren Wiedervereinigung* als *eine mit allen Mitteln durchzuführende Lebensaufgabe*[11] ansah. Auch einen zeitlich und räumlich verstehbaren Überblick über die vielen Wohn- und Schulorte kann der Leser von einer vorwiegend weltanschaulich-pädago-

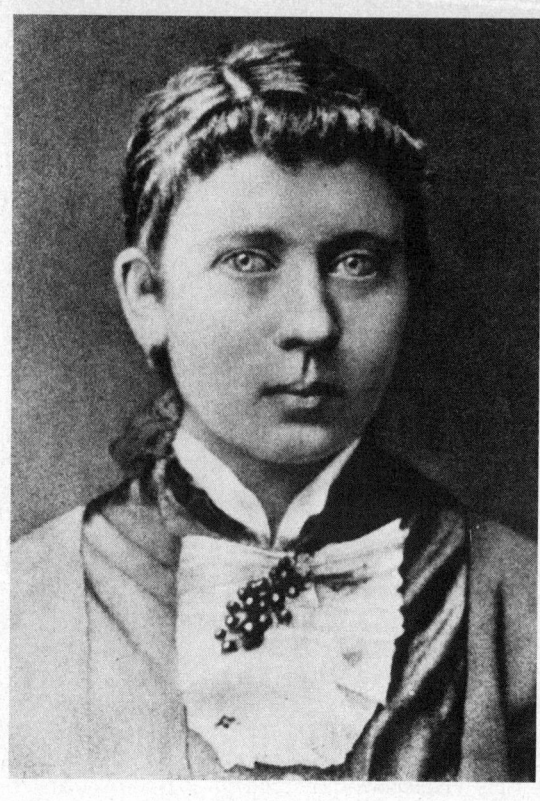

*Die Mutter
Klara Hitler, geb. Pölzl*

gischen Kampfschrift nicht erwarten.[12] Passau, Lambach an der Traun, Linz werden immerhin genannt.

Das Bild von den Eltern und dem frühen Zuhause soll so gesehen werden: *... der Vater* ein *pflichtgetreuer Staatsbeamter, die Mutter im Haushalt aufgehend und vor allem uns Kindern in ewig gleicher liebevoller Sorge zugetan*[13]. Den Vater habe er *verehrt, die Mutter jedoch geliebt*[14]. An anderer Stelle: *Wenn mir heute (1924) durch meine politischen Gegner in liebevoller Aufmerksamkeit mein Leben durchgeprüft wird bis in die Zeit meiner damaligen Jugend, um endlich mit Erleichterung feststellen zu können, welch unerträgliche Streiche dieser «Hitler» schon in seiner Jugend verübt hatte, so danke ich dem Himmel, daß er mir so auch jetzt noch etwas abgibt aus den Erinnerungen dieser glückseligen Zeit.*[15]

Hinter der polierten biographischen Fassade brütete Kinderelend. Der Vater, stattlich, selbstbewußt, mit blitzenden Uniformknöpfen, war ein Herrschertyp schon vom Gesicht her. Widerspruch im Kreise seiner Ab-

Der Vater Alois Hitler

hängigen duldete er nicht, seinen Willen setzte er mit drakonischer Strenge durch. Die Mutter Klara, geborene Pölzl, aus Spital, des Alois dritte Frau, 23 Jahre jünger, seine Nichte zweiten Grades, falls die Hiedler-Abfolge in Frage kommt, seine Halbnichte dagegen nach der Hüttler-Version: Klara bot das Gegenporträt der demütig-ergebenen Ehe-Untertanin, eine Frau mit hübschem Aussehen, weichen Zügen und ängstlichen Augen. Am «offiziellen» Lebenslauf stimmt nur, daß Hitler zu ihr starke Bindungen hatte, wie auch umgekehrt. Er war ihr viertes Kind, das erste, das am Leben blieb. Ihm folgten noch Edmund (gestorben 1900) und Paula (gestorben 1960).

Der ältere Stiefbruder Alois junior hatte bezeugt, daß der Vater ihn selber wie auch Adolf brutal züchtigte; Alois verließ deshalb mit vierzehn Jahren das Haus, 1896. Auch Schwester Paula, in jenem Jahr geboren, bestätigte die Gewalttätigkeit des inzwischen pensionierten Vaters: «Es war vor allem mein Bruder Adolf, der meinen Vater zu extremer Härte provozierte und jeden Tag sein gehöriges Maß an Prügel bekam. Er war ein etwas unflätiger kleiner Lausbub, und alle Versuche seines Vaters, ihm die Frechheit auszuprügeln und ihn dazu zu bringen, den Beruf eines Staatsbeamten zu wählen, waren vergeblich.»[16] Einmal soll er den Jungen derart mit der Peitsche traktiert haben, daß er hinterher gefürchtet habe, er überlebe nicht.[17]

Daß ein bedeutender Streitpunkt in der Berufsfrage lag, bestätigt *Mein Kampf.* Der Vater wollte den erfolgreichen Weg, den er aus eigener Kraft gemeistert hatte, im Sohn auf geebneten Pfaden vielleicht noch erfolgreicher wiederholt sehen, ein begreiflicher Wunsch. Dessen Bockigkeit rührte ebenso verständlich aus der Abwehrhaltung eines ohnehin Gedrückten. Das nun ergab eine Spirale aus Druck und Widerstand.

Zum ersten Mal in meinem Leben wurde ich, als damals noch kaum Elfjähriger, in Opposition gedrängt. So hart und entschlossen auch der Vater sein mochte in der Durchsetzung einmal ins Auge gefaßter Pläne und Absichten, so verbohrt und widerspenstig war aber auch sein Junge in der Ablehnung eines ihm nicht oder nur wenig zusagenden Gedankens.

... Schwerer wurde die Frage, wenn dem Plane des Vaters ein eigener gegenübertrat. Schon mit zwölf Jahren traf dies ein ... eines Tages war es mir klar, daß ich Maler werden würde, Kunstmaler ... Er zweifelte an meiner Vernunft ... Nachdem er allerdings darüber aufgeklärt war und besonders die Ernsthaftigkeit meiner Absicht fühlte, warf er sich denn auch mit der ganzen Entschlossenheit seines Wesens dagegen ... «Kunstmaler, nein, solange ich lebe, niemals.»[18]

Konflikte sind hier immerhin angesprochen, und das Wort von der *herrisch gewordenen Natur* des Vaters schlüpft durch.[19]

Hitler fand, als er mächtig geworden war, in den Juden sein Racheobjekt. Er drückte sie herab zum «gedemütigten, geschlagenen Teil des kindlichen Selbst, den er mit allen Mitteln aus der Welt zu schaffen suchte»; er unternahm «die Ausrottung der eigenen geistigen Ohnmacht» von damals.[20] Der jetzige Vater der Nation drängte die anderen in die gleiche Rolle, in welcher einst er unentrinnbar durch seinen eigenen Vater gefangen gewesen war.

Über die viel frühere Entstehung des Antisemitismus bei Hitler ist damit nichts gesagt, nur über den machtausspielenden Vollzug. Es erleichtert nämlich die Erklärungsversuche nicht, daß Hitler 1919 gegen die Juden zu einem Zeitpunkt zu agitieren begonnen hatte, als sie keine hilflose, sondern eine vollintegrierte Volksgruppe mit allen Rechten und großem Einfluß gewesen waren. Zu beachten bleibt ferner, daß selbst der unbeschränkt Mächtige diese seine Feinde nicht im Alleinverfahren erniedrigen und zuletzt umbringen konnte. Er benötigte ein «Klima» dafür und zahllose Gleichgesinnte.

Es besteht Grund zu der Annahme, daß auch seine Eroberungen nicht nur weltanschaulich begründet waren, sondern, als er die Macht dazu besaß, zusätzlich vom Zwang zu heroischen Taten vorangetrieben wurden. Wie Alexander Mitscherlich von Friedrich dem Großen sagt: «Die

Triebfeder der Ruhmsucht war die Wiederherstellung der in tiefsten De-
mütigungen verlorenen Würde»[21], so brauchte Hitler Triumphe, um die
im verborgenen Selbst eingesperrten Niederlagen seines frühen Lebens
wettzumachen. Die Betäubung hielt immer nur kurze Zeit vor, dann verlangte er nach einem neuen Erfolgsnarkotikum.[22]

Der Preußenkönig und der deutsche Führer hatten beide im Jugend-
alter unter einem dominierenden, tyrannischen Vater gelitten. Mitscherlich weiter[23]: «Rechthaberei, Selbstbezogenheit so extremer Art, wie sie
Friedrich darbot, sind keine Naturtalente. Die Möglichkeit, sich so und
nicht anders zu verhalten, ist Ausdruck einer unzureichenden und festge-
fahrenen Konfliktlösung ... Die Angst der Ohnmacht, die dauernde Wut
[bewirken] die realitätsfremde Selbstüberhöhung. Das Kind zieht sich in
den Traum seiner Allmacht zurück ... Die unduldsame Alleswisserei,
auch auf Gebieten, von denen er nichts verstand ... sind Anzeichen einer
ins dritte und vierte Lebensjahr zurückreichenden traumatischen Störung
der Triebentwicklung ...» Diese Ausdeutungen könnten ebenso auf Hitler gemünzt sein.

Es ist wissenschaftliches Allgemeingut und weithin auch schon Laien-
wissen, daß quälerische Lustbefriedigung erwachsener Menschen sehr
oft auf seelische oder körperliche Mißhandlungen im Kindesalter zu-
rückgehen. Was für jeden Privatmann gilt, muß logisch auch für die geschichtliche Persönlichkeit gelten; was bei den allermeisten im kleinen
Lebensumkreis abreagiert wird, kehrt sich bei denen ins Große, die sich
entweder durch bestimmte Befähigungen und Zeitumstände zur Alleinherrschaft hochgekämpft haben oder in älteren Zeiten durch Thronfolge
dahin gelangt sind. Daran gemessen, überrascht es immer wieder, wie
sehr die Fachhistorie noch fast hundert Jahre nach dem Auftreten Sig-
mund Freuds zögert, der Seelenkunde einen anteiligen Platz in ihren
Deutungen einzuräumen. Solange die Geschichtsforschung außerstande
ist, die unerhörten Wirkungen Hitlers auf das Jahrhundert aus natürlichen Geschehensabläufen hinreichend zu erklären, dürfen die Psycho-
analytiker sich ermutigt fühlen, der Historiographie ihren Beistand
anzubieten.

Träumer in Linz – Maler in Wien

*Das lächerlich leichte Lernen in der Schule gab mir so viel freie Zeit, daß
mich mehr die Sonne als das Zimmer sah.*[24] Die Volksschulzeugnisse von
Fischlham bei Lambach, Lambach und Leonding bei Linz mit lauter
«Einsern» bestätigen den Verfasser in seinem beiläufig servierten geistigen Selbstbild. Anschließend, auf der Realschule in Linz, beendete *er-
sichtlicher Mißerfolg*[25] die bequeme Zensurenernte. Der aufgeweckte
Schüler vernachlässigte die Fächer, die ihn nicht interessierten, wie die
Naturwissenschaften, Mathematik, Französisch und mußte 1901/02 die
erste Klasse wiederholen. Den Leistungsabfall begründet er mit der da-

Der zehnjährige Volksschüler in Leonding (letzte Reihe Mitte)

maligen Absicht, die Beamtenpläne seines Vaters durch Lernboykott zunichte zu machen. *Was mich freute, lernte ich, vor allem auch alles, was ich meiner Meinung nach später als Maler brauchen würde. Was mir in dieser Hinsicht bedeutungslos erschien oder mich auch sonst nicht anzog, sabotierte ich vollkommen.* [26]

Das Schulversagen begann, als Adolf elf Jahre alt war: die Lebenszeit der angeblichen und hiernach auch glaubhaften Auseinandersetzungen um die Berufsziele. Erhalten gebliebene Fotos bestätigen die Schul- und die Selbstzeugnisse. Ein Klassenbild von Leonding, 1899, zeigt ganz zuoberst, thronend gleichsam, einen selbstbewußten Jungen – Hitler über allen; eine Aufnahme von 1901 an der Realschule vermittelt unfrohe Züge, ein gedrücktes Wesen.

Zur interessenabhängigen Leistungsverweigerung kam anlagebedingter Mangel an Stetigkeit, kam Abneigung gegen systematisches Arbeiten. So hat sein Linzer Lehrer in Französisch und Deutsch, Eduard Huemer, 1923 für den Hitler-Prozeß in München gutachtlich ausgesagt: «Er war entschieden begabt, wenn auch einseitig ... Hitler war nicht nur ein flotter Zeichner, sondern wußte auch in den wissenschaftlichen Fächern Ent-

24

sprechendes zu leisten, nur pflegte seine Arbeitslust sich immer rasch zu verflüchtigen.»[27] Mit der Sicht des Pädagogen deckt sich, daß selbst der ämterüberhäufte Führer des Deutschen Reiches – Staatsoberhaupt, Regierungschef, Parteivorsitzender, Oberbefehlshaber der Streitkräfte – seine Schreibtischpflichten widerwillig auf das Unvermeidliche beschränkte, Liebhabereien Zeit opferte und so an der Staatsspitze immer noch dem Linzer Schuljungen glich.

Zur Lernsabotage und zur geistigen Grundstruktur kam ein drittes. Klara Hitler hat gerade in dieses Kind nach drei frühen Verlusten alle Hoffnungen gelegt. Sie verwöhnte und verhätschelte Adolf, erst recht, nachdem Alois Hitler 1903, im 66. Lebensjahr, gestorben und sein schwerer Schatten von der Familie gewichen war. Der Sohn wurde kurz danach vierzehn Jahre alt. In der Mutter besaß er einen natürlichen Verbündeten seiner Träume von Künstlergröße, selbst wenn sie äußerlich im Sinne des Ehemannes und Vaters weiterhin auf einen «seriösen» Berufsweg drang. Was gilt vor solcher Zukunft schulischer Allerweltslernstoff ...

Eine angebliche Lungenerkrankung 1905 kam dem sechzehnjährigen Tertianer (mittlerweile in der Oberrealschule in Steyr) gelegen, die Fesseln endgültig abzustreifen. Einigermaßen wiederhergestellt, wollte er seine Vorstellungen vom freien Malerleben nicht erneutem Lernzwang opfern. Dem widerborstigen, eigenmächtigen, rechthaberischen und jäh-

Der Realschüler in Linz (letzte Reihe rechts)

August Kubizek, Jugendfreund Hitlers

zornigen[28] Heranwachsenden konnte Klaras unterwürfige Natur nichts entgegensetzen. So endete seine Schulzeit mit dem Abschlußzeugnis der vierten Oberrealschulklasse. Steyr verband sich mit einer für ihn peinlichen Erinnerung. Das Halbjahreszeugnis vom Februar 1905 hatte er, betrunken im Kreise zechender Mitschüler, mit Toilettenpapier verwechselt. Er mußte sich vom Direktor ein Duplikat besorgen. *Es war niederschmetternd. Was der Rektor gesagt hat, kann ich gar nicht erzählen. Es war furchtbar. Ich habe einen heiligen Schwur getan, in meinem Leben niemals mehr zu trinken.*[29]

Nach zehn Schuljahren, davon einem doppelten, auf fünf Schulen vertagte der Genesene entschiedene Schritte in Richtung Beruf zugunsten süßen Nichtstuns in Linz, wo er mit der Mutter und Paula in der Humboldtstr. 31 wohnte; Haus und Grundstück in Leonding hatte Klara Hitler 1905 verkauft. Die materiellen Verhältnisse ermöglichten die zweijährige unschöpferische Pause, in der ein Tagträumer glückliche Phantasiewelten beharrlich gegen die Wirklichkeit abschirmte.

Wie unbedenklich er Wunschbilder zu Tatsachen erhob, zeigt die Lotterie-Episode. In Erwartung des Hauptgewinnes, so erzählt der Jugendfreund August Kubizek[30], gaukelte er sich ein großbürgerliches

Herrschaftsleben vor, mit genau ausgeführten Einzelheiten bis zu den Dekorationsmustern. Als der Tag der Ziehung die Illusionen jäh zerstörte, kehrte der Enttäuschte in einem Anfall schäumender Erregung in die Wirklichkeit zurück, ohne noch ein ferneres Wort über das entgangene Glück zu verlieren. Im letzten Lebensmonat 1945 werden wir denselben Mann mit Divisionen, die es nicht mehr gibt, Fronten aufbauen sehen, die längst überrannt sind. Vision und Realität flossen bei ihm ineinander.

Vielleicht hätte er es nie so weit gebracht, wenn er nicht ein Phantast gewesen wäre und die Hindernisse für null erklärt hätte. Aber in diesem Erfolgsrezept war das schließliche Unterliegen schon mit enthalten, indem die Widerstände sich für ihre ständige Unterschätzung zuletzt mit Übermacht rächten.

Hitler im Alter von sechzehn Jahren. Zeichnung eines Mitschülers

In der menschen- und kontaktarmen Scheinwelt von Linz, mit Selbst-
täuschungen ausstaffiert, konnte nur Kubizek als Freund gelten, und
auch nur deshalb, weil er die Monologe des Altersgenossen bewundernd
anhörte. In seinem Erinnerungsbuch berichtet «Gustl» von einem gemeinsamen Opernabend («Rienzi»); wie Hitler nach dem Musikdrama
vom Volkstribunen des Spätmittelalters mit ihm auf einen Berg stieg und
über dem nächtlichen Linz von Vorstellungen seiner und seines Volkes
Zukunft überschwemmt wurde. Dreißig Jahre später trafen beide sich in
Bayreuth wieder. Hitler, hoch hinaufgetragen auf der Laufbahn des
Volksführers, schaute auf den «Rienzi»-Abend zurück: *In dieser Stunde
begann es.*[31] Das mag im äußeren Stichdatum stilisiert sein, aber die vor-
ausschauende Selbsterhöhung, nicht nur an jenem Abend, darf angenommen werden.

Richard Wagner nimmt unter den Baumeistern von Hitlers Weltbild
einen entscheidenden Platz ein, weil keiner ihn so wie der Bayreuther
Meister zu verzaubern und zu entrücken verstand: weil er mit Prunk und
Pathos, mit musikalisch wogenden Chören heldische Steigerungen nicht
nur auf der Bühne inszenierte, sondern sie auch in seinem trunkenen Zuschauer hervorrief. Von der raffinierten Reizvereinigung von Ton und
Theater in Wonne gehüllt, verlangte er süchtig nach erneuter illusionisti-
scher Entführung. *Die jugendliche Begeisterung ... kannte keine Grenzen.
Immer wieder zog es mich zu seinen Werken.*[32] Zum Demagogen mit den
Mitteln des Musiktheaters wird Wagner vollends durch den mythenge-
tränkten Nationalgeist des 19. Jahrhunderts. *Den Künstler Richard Wagner empfinden wir deshalb so groß, weil er in allen seinen Werken das hel-
denhafte Volkstum, das Deutschtum darstellte ... Das ersehnt unser
Volk.*[33]

Mit Recht hat Joachim Fest darauf verwiesen, wie wichtig Wagners
Opernkunst für die Phantasmagorien von Hitlers Freiluftinszenierungen
geworden und daß der Veranstaltungsstil des Dritten Reiches ohne das
Bühnengenie des 19. Jahrhunderts gar nicht zu denken sei. In den mas-
senatmosphärischen Gefühlskontakten, der statuarischen Feierlichkeit,
dem Weiheschwulst, in dem Ineinander von Lichtdomen, Fahnenwäl-
dern, Masse, Musik und tönender Rede, diesen weltlichen Gottesdien-
sten des Regimes, wurde Wagner von seinem theatralisch begabtesten
Schüler Jahrzehnte nach den Linzer und Wiener Jugendeindrücken gran-
dios-verführerisch in politische Wirkung umgesetzt. Noch heute drängt
sich manchem, wenn er dem ersten oder dritten Akt des «Parsifal» bei-
wohnt, der Eindruck auf: schritte die feierliche Versammlung der Grals-
ritter in schwarzen Uniformen einher, man würde sich nicht wundern. Da
haben sich Bilder von Kunst und Geschichte verwechselbar ineinanderge-
schoben.

Im Herbst 1907 stellte sich der Achtzehnjährige einer Aufnahmeprüfung in der Akademie der Bildenden Künste in Wien, Abteilung Allgemeine Malerschule. *Ausgerüstet mit einem dicken Pack von Zeichnungen*,
hatte er sich aufgemacht, *überzeugt, die Prüfung spielend leicht bestehen*

Hitler-Aquarell von 1912:
Die Karlskirche in Wien

zu können.[34] Daß die Anforderungen berüchtigt hoch waren, wußte er entweder nicht oder ließ sich als der *weitaus beste Zeichner*[35] seiner früheren Klasse davon nicht schrecken. Zwei Tage hintereinander mußten die 113 Kandidaten in jeweils dreistündiger Klausur Mal-Aufgaben aus einer vorgegebenen Themenliste, bei gewisser Wahlfreiheit, bewältigen: Motive aus der Bibel, Natur, dem Alltag, dem Arbeitsleben usw. 33 Bewerber scheiterten, die anderen, darunter der Optimist aus Linz, durften ihre mitgebrachten Talentnachweise vorlegen. In diesem zweiten Teil der Aufnahmeprüfung fiel Hitler durch. «Probez. ungenügend, wenig Köpfe»[36], lautete der überlieferte Urteilsspruch. Zusammen mit ihm wurden weitere 51 Prüflinge abgewiesen, auch der nachmalige Rektor der Akademie ...

Als ich ... die Bitte um Erklärung der Gründe wegen meiner Nichtaufnahme ... vorbrachte, versicherte mir der Herr Rektor, daß aus meinen mitgebrachten Zeichnungen einwandfrei meine Nichteignung zum Maler hervorgehe, sondern meine Fähigkeit doch ersichtlich auf dem Gebiete der Architektur liege ... Geschlagen verließ ich den Hansenschen Prachtbau am Schillerplatz ...[37]

Aus dem Zwiespalt tauchte dann, lesen wir, nach wenigen Tagen befreiend die Erkenntnis auf, *daß ich einst Baumeister werden würde*[38]. Kubizek: «Malen war das Spiel mit einer Anlage, der er sicher war. Bauen aber bedeutete viel mehr für ihn. Bei dem, was er in der Phantasie baute, stand sein ganzes Wesen. Bis ins Innerste war er davon gepackt.»[39] *Freilich war der Weg unerhört schwer; denn was ich bisher aus Trotz in der Realschule versäumt hatte, sollte sich nun bitter rächen. Der Besuch der Architekturschule der Akademie war abhängig vom Besuch der Bauschule der Technik, und den Eintritt in diese bedingte eine vorher abgelegte Matura an einer Mittelschule. Dies alles fehlte mir vollständig.*[40]

In seiner Hilflosigkeit wagte er einen zweiten Anlauf, um in die Akademie zu gelangen, nahm dafür sogar Unterricht bei einem Bildhauer in Wien und arbeitete *sehr fleißig, oft bis 2 ja 3 Uhr früh*[41]. Der Versuch im Herbst 1908 mißlang ebenso wie der im Vorjahr; diesmal wurde der Bewerber nicht einmal mehr zur Vorlage seiner neuen Arbeiten zugelassen. Die ganze Mühe war umsonst gewesen; sie erweist aber, daß die Erkenntnis vom Baumeister als dem wahren Lebensziel nicht so plötzlich, wie behauptet, durchgedrungen sein konnte. Sicher hätte er dann nicht noch einmal ein ganzes Jahr geopfert, um doch noch als Malschüler angenommen zu werden. Das erneute Fiasko wird verschwiegen.

Vom Zeitpunkt der zweiten Niederlage an versuchte Hitler nicht mehr, durch reguläre Ausbildung beruflich etwas zu erreichen. Er ging aber trotz der Enttäuschungen nicht wieder fort aus Wien, denn Linz bot keine Bleibe mehr. Zwischen der ersten und zweiten Aufnahmeprüfung war die Mutter an Krebs gestorben, 47 Jahre alt. Klara Hitlers jüdischer Arzt Dr. Bloch erinnerte sich 1938, er habe in seiner beinahe vierzigjährigen Praxis «nie einen jungen Menschen so schmerzgebrochen und leiderfüllt gesehen, wie es der junge Adolf Hitler gewesen ist»[42]. Die später immer wieder bezeugte Gefühlskälte und Mitleidlosigkeit des Staatsmannes Hitler steht vor dem Lebenshintergrund zumindest e i n e r ganz starken menschlichen Bindung.

Die Sterbeszene eröffnet noch einen zweiten Vergleich. Als die Juden in ihrer Gesamtheit Hitlers unbeirrbarem Haß ausgeliefert waren, hielt er gegenüber dem Arzt sein Versprechen, ihm *immer dankbar* zu sein: «Mir wurden Vergünstigungen gewährt, wie sie nach meinem Eindruck keinem anderen Juden in ganz Deutschland oder Österreich eingeräumt worden sind», bekannte er 1940 in einem Gespräch mit der amerikanischen Zeitschrift «Collier's».[43]

Der abgewiesene Mal-Aspirant lebte in den folgenden Jahren zum Teil davon, Architektur in gefälliger, geradezu fotogetreuer Wiedergabe zu zeichnen oder zu aquarellieren und in kleinformatigen Bildern zu verkaufen. Staatsgebäude, Theater, Kirchen bevorzugte er; sie «zeigen was her». Trotz dieser künstlerischen Bedürfnislosigkeit redete er sich später ein, er wäre ohne den Krieg *einer der ersten Architekten, wenn nicht der erste Architekt Deutschlands* geworden.[44]

Zu den Einkünften aus seinem unbestreitbaren Zeichentalent kam die

Waisenrente und kamen ererbte Vermögensanteile: sowohl von den Eltern als auch von seiten einer Großtante. Allein aus dem vormundschaftlich überwachten Elternerbe gingen ihm monatlich 58 Kronen zu. Zusammen mit den 25 Kronen Waisenrente erreichte er ohne eigenes Zutun ein Einkommen wie ein Realschulassessor. Auf die Rente verzichtete er sogar zwei Jahre vor Ablauf zugunsten seiner Schwester. Die längste Zeit in Wien, Dezember 1909 bis Mai 1913, bewohnte er ein Einzelzimmer in einer modernen Großpension, «Männerheim» genannt, einem stattlichen Haus in der Meldemannstraße, für 15 Kronen im Monat.

Projizieren wir seine Selbstdarstellung auf diesen materiellen Hintergrund: *Fünf Jahre Elend und Jammer sind im Namen dieser Phäakenstadt für mich enthalten. Fünf Jahre, in denen ich erst als Hilfsarbeiter, dann als kleiner Maler mir mein Brot verdienen mußte; mein wahrhaft kärglich Brot, das doch nie langte, um auch nur den gewöhnlichen Hunger zu stillen. Er war damals mein getreuer Wächter, der mich als einziger fast nie verließ, der in allem redlich mit mir teilte. Jedes Buch, das ich mir erwarb, erregte seine Teilnahme; ein Besuch der Oper ließ ihn mir dann wieder Gesellschaft leisten auf Tage hinaus; es war ein dauernder Kampf mit meinem mitleidslosen Freunde.*[45]

Der Mann, der sich durch eisernen Willen selber aus der Not befreit hat, ist für die Anhänger und die Volksmenge ein eindrucksvolles Beispiel an Lebenstüchtigkeit. Und es mag auch reizvoll sein, die majestätische Kulisse der Adelspalais mit der Trübsal eines Menschen zu vergleichen, der sich die große Welt nur mit Zeichenstift und Pinsel erobern konnte, dafür 30 Jahre später im Triumph in die Stadt seiner leidvollen Anfänge eingezogen ist. Nur stimmt das alles so nicht. Der dekorative Kontrast ist vom Parteiführer erfunden, als er um die verarmten Massen warb, dann von anderen nachgeschrieben aus teilweise phantasievoller Zeugenschaft. Daß Hitler Ende 1909 tatsächlich für kurze Zeit im Meidlinger Obdachlosenasyl genächtigt hat, war nicht durch Not erzwungen, sondern hatte einen ganz anderen Grund.[46] Jahrzehntelange Forschung hat so reichhaltiges Material ans Licht gebracht, daß die Geschichte von Hitlers Armut als Werbemittel der Kampfzeit erkannt und die Stadtstreicher-Fabelei, die sich aus anderen Quellen speiste, aus den Biographien verdrängt werden konnte.

Die neuen Beweisstücke sind mehr als Tatsachenkorrekturen. Sie mildern den früher so unbegreiflichen Persönlichkeitsgegensatz zwischen Vor- und Nachkriegszeit. Wie aus dem nichtseßhaften Tagedieb der frühen Darstellungen der dynamische Parteidemagoge werden konnte, mußte rätselhaft erscheinen. Ein materiell leidlich abgesicherter Müßiggänger hingegen, ein wagnersüchtiger und lesebesessener Bohemien, der ohne umrissenes Berufsziel auf irgendeine Chance wartete, die seine unbestimmten Sendungsgefühle freiließ – dieser Hitler von 1909 oder 1913 macht denjenigen von 1919 oder 1923 leichter verstehbar.

Wurzeln der Weltanschauung

Um sein Weltbild in seinen Ansätzen aufzufinden – es stand ja nach dem Ersten Weltkrieg nicht voraussetzungslos da –, muß der Staat seiner Jugendjahre betrachtet werden. Welche Spannungen belasteten die Monarchie und ihr Zentrum Wien?

Zwölf unruhige Völker und Volksteile wohnten unter dem heraldischen Symbol des Doppeladlers. Falsch wäre zu unterstellen, sie hätten sich sämtlich hineingezwungen gefühlt und fortgewollt. Der Drang zur Selbstbestimmung war zwar allenthalben im 19. Jahrhundert erwacht, doch kam es jeweils darauf an, ob die erkennbare Alternative wünschenswert war: ob sie Unabhängigkeit verhieß bzw. Anschluß an ein freies Muttervolk oder ob nur wieder eine fremde Oberherrschaft einzutauschen war – wie diejenige des Zaren für die Polen und Ukrainer im nordöstlichen Grenzraum. Und bei solcher Aussicht galt es vergleichsweise doch als lebenswerter, noch eine Weile unter dem Dach des Hauses Habsburg zu bleiben. National regsamer waren dafür die Tschechen, Slowaken, Serben, Kroaten. Schaute man von Wien nach Norden und Süden, dann drohten die Zeiten unfriedlich zu werden. Im österreichischen Reichsrat stritten so viele Interessen, daß jedes Gesetz zum Kuhhandel wurde. Kein Wunder, daß die Regierenden Meister im Lavieren, im Treibenlassen waren, souverän sich durchwurstelnd und von heiterer Unentschiedenheit.

Noch hielt das bröckelnde Völkergebäude durch eine eherne Klammer: Kaiser Franz Joseph, dienstältester Monarch der Welt. Im Herbst 1908, als ein niederösterreichischer Zukunftsträumer den zweiten Fehlstart zu seiner Künstlerkarriere unternahm, feierte Wien das sechzigjährige Thronjubiläum des Achtundsiebzigjährigen. Kein Bewohner in den weiten Grenzen, Tiroler oder Ungar, Böhme oder Italiener, konnte seine erinnerliche politische Welt ohne diesen Fürsten denken, falls er nicht mindestens so alt war wie er. Und nichts daran schien bis auf weiteres in Frage gestellt, so unverwüstlich war seine Natur.

Österreichs gemütliches Laissez-faire litt allerdings unter rassistischen Gehässigkeiten. Im Gegensatz zu Deutschland besaß die Donaumonarchie Siedlungsgebiete mit konzentriertem jüdischem Anteil, am stärksten in Galizien. Die ärmlichen Lebensbedingungen ließen viele abwandern. Die glitzernde Hauptstadt zog die Glücksritter unaufhörlich an. Vor dem Ersten Weltkrieg drängten sich 160 000 Juden unter den zwei Millionen Einwohnern Wiens; acht Prozent. Schon vor längerer Zeit hatte der unterdessen verstorbene Zionismus-Gründer Theodor Herzl, ursprünglich ein jüdischer Assimilant, in seinem Tagebuch schonungslos diagnostiziert, daß die Erwerbsverhältnisse der Mittelstände durch diese Konkurrenz unter starken Druck geraten mußten.

Der Wiener Bürgermeister Karl Lueger (1897–1910), ein Charakterkopf wie ein «schwerer Held» am Burgtheater und kommunalpolitisch sehr tüchtig, tat sich im Ausnutzen der erregbaren Stimmungen besonders hervor. Seine jüdischen Mitbürger lernten ihn schätzen durch Aus-

Karl Lueger, Bürgermeister von Wien
(1897–1910)

Georg Ritter von Schönerer

lassungen wie: «Es ist alles eins, ob man sie hängt oder köpft.»[47] Franz
Joseph I., auch Kaiser seiner vielen Juden, hatte ihn erst nach zweimal
wiederholtem Wahlerfolg als Stadtoberhaupt bestätigt.

Radikaler noch als Lueger gab sich der niederösterreichische Gutsherr
Georg Ritter von Schönerer. Den fanatischen Großdeutschen peinigte
die Angst vor rassischer Überfremdung, die slawische einbegriffen. Unter den Abtönungen des Antisemitismus herrschte bei ihm die rassische
Version. Nationalistisches Eifern und Rassenfanatismus führten ihn zu
dem Ziel, die nichtdeutschen Bevölkerungen abzustoßen – für die Habsburger Monarchie ein tödlicher Gedanke, der Selbstaufgabe gleichzuset-
zen. Mit den Miasmen der Hetze verseuchte Schönerer das Klima in der
sonst nicht unverträglichen südosteuropäischen Völkerfamilie. Schon der
erste Zionistenkongreß in Basel 1897 hallte wider von Klagen. Der Wiener Delegierte Alexander Mintz beschwerte sich: «Der Antisemitismus
meines Vaterlandes ist im Augenblick bereits ein Gemeingut sämtlicher
Nationen Österreichs ... Ja, auch in die Blüte der Lehrerschaft ist er ein-
gedrungen. Die Professoren der deutschen Hochschulen Böhmens betei-
ligen sich demonstrativ an den Veranstaltungen antisemitischer Vereine.
Überall organisiert sich die Geselligkeit, der Sport auf nationaler, will
sagen, judenreiner Basis. Und als wirksamstes Mittel wird der Boykott
anempfohlen: ‹Kauft nichts bei Juden!› Dieser Ruf hat sich von Wien aus
über ganz Österreich fortgepflanzt, von seiner Wirkung wissen Tausende
der ärmsten jüdischen Geschäftsleute zu berichten.»[48]

33

Ihren ersten Höhepunkt erreichte die Rassenideologie einige Jahre danach. Seit 1905 predigte der aus Wien stammende frühere Zisterzienser Georg Lanz, der seinen Namen durch ein «von Liebenfels» klangvoll aufgebessert hatte, in der Zeitschrift «Ostara» ein obskures, fetischistisches Hypergermanenideal. Blondblaue Männer und Frauen, «Arioheroiker», Meisterwerke der Götter, wurden von dunklen Minderrassigen bedroht, «Sodoms-Äfflingen», dämonischem Abschaum. In planmäßiger Reinzucht sollte eine heroische Edelrasse geschaffen werden, wohingegen die verpfuschten Äfflinge und Schrättlinge der Sterilisation, Deportation und Vernichtung zu überantworten seien.

Erst «Der Stürmer» des Julius Streicher war ausersehen, wieder das Niveau der abartigen «Ostara»-Pamphlete zu erreichen, in der gleichen halbpornographischen Schwüle, wo blondblaue Reinheit sich gegen die Sexualgier krummnasiger Verführer wehrt. «Sind Sie blond?», so warb der entlaufene Mönch schon auf dem Titelblatt. «Dann sind Sie Kultur-Schöpfer und Kultur-Erhalter!»

Lanz behauptete 1929, Hitler sei sein Schüler.[49] Sein Einfluß ist nicht

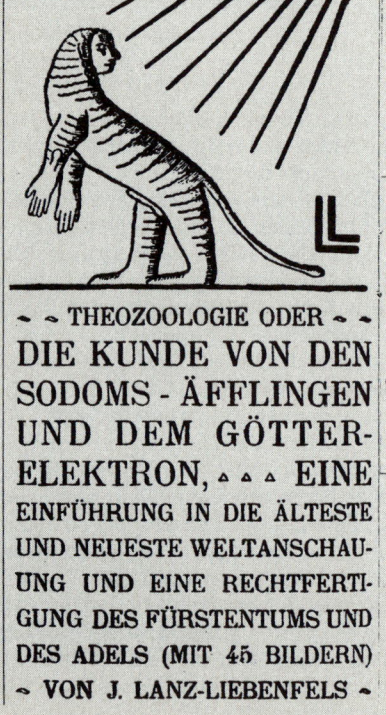

Ostara-Pamphlet

erwiesen, der Name kommt bei dem beanspruchten Adepten nirgends vor. Eher können wir den Unseligen in Himmlers nordischen Auslese-Werkstätten und ihrem Aschenputtel-Verfahren wiederfinden: mit der Reinzucht der rassisch Hochwertigen, der Ausmerzung der Minderrassigen.

Anders steht es mit Lueger und Schönerer, die Hitler beide rühmt. Aber auch ihre Namen gehören nicht den Selbstzeugnissen der Wiener und Münchner Vorkriegszeit und der Kriegsjahre an; wie deren Ausbeute überhaupt ganz dürftig ist hinsichtlich der später so entscheidenden drei Leitvorstellungen seiner Politik: alldeutsch-neogermanischem Großraumdenken, Antisemitismus, Antimarxismus.

Relativ am frühesten ist der nationale Gedanke bei ihm aufzufinden. In einem Brief aus Flandern vom Februar 1915 hat er *nur den einen Wunsch daß es bald zur endgiltigen Abrechnung mit der Bande kommen möge ... und daß die, die von uns das Glück besitzen werden, die Heimat wiederzusehen, sie reiner und von der Fremdländerei gereinigter finden werden. daß durch die Opfer und Leiden die nun täglich so viele Hunderttausende von uns bringen ... nicht nur Deutschlands Feinde im Äußeren zerschmettert werden, sondern daß auch unser innerer Internationalismuß zerbricht. das wäre mehr wert, als aller Ländergewinn. Mit Österreich wird die Sach kommen wie ich es immer sagte.*[50] Hier ist offensichtlich nicht der marxistische Internationalismus gemeint, sondern die habsburgische Nationalitätenvielfalt, die «Fremdländerei». Hier übt Schönerers Habsburgerhaß sichtbar Wirkung. Die Blickrichtung ist nicht Deutschland, sondern Österreich.

Zu den nationalen Vätern des jungen Hitler gehörte auch sein Geschichtslehrer in Linz, Dr. Leopold Poetsch. *Mir hat dieser Lehrer Geschichte zum Lieblingsfach gemacht ... Wer konnte auch unter einem solchen Lehrer deutsche Geschichte studieren, ohne zum Feinde des Staates zu werden, der durch sein Herrscherhaus in so unheilvoller Weise die Schicksale der Nation beeinflußte?*[51] Dieser Aussage, zwanzig Jahre nach Ende der Linzer Schulzeit, kommt Quellenwert zu, denn Poetsch fühlte sich durch die Würdigung in *Mein Kampf* so geehrt, daß er seinen einstigen Schüler 1929 bat, ihm eine Abschrift der ihm gewidmeten Erinnerungsstelle «als Vermächtnis» für seine Familie zu überlassen.[52] Also muß er sich zutreffend beurteilt gefunden haben.

Die Durchforschung der geistigen Welt des Linzer Schülers ergab, daß er wahrscheinlich das «Alldeutsche Tagblatt» und den «Südmark-Kalender» gelesen hat; denn viele Formulierungen, die er nach 1918 verwendete, stimmen wohl nicht zufällig mit dem Vokabular dieser Blätter überein, bis hin zu den deutschen «Volksgenossen». Der in Deutschland 1891 gegründete, 1894 endgültig benannte «Alldeutsche Verband» fand in Österreich verwandte Bestrebungen, wenn auch nicht allenthalben gleiche Ziele. Bescheiden waren die Alldeutschen nicht in ihren Herrschaftsplänen. Die Schweiz, Luxemburg, Holland, Belgien und sieben ostfranzösische Départements bildeten nur die kleineren Anhängsel eines so gedachten

Juden in Wien

kompakten deutsch-österreichischen Staatsgebäudes. Die begehrlichen Blicke der Weltmachtträumer richteten sich damals schon auf eine Ausdehnung nach Osten bis zum Persischen Golf. Zugleich rassebewußt, prophezeiten sie mit dem Doppelsinn eines delphischen Orakelspruchs, allerdings unfreiwillig, daß unsere Zukunft «im Blute» liege ...

Die Alldeutschen waren antisemitisch. Wer ihnen anhing, pflegte diese Gesinnung wohl zu teilen. Der Analogieschluß, der frühe Hitler sei daher für Feindschaft gegen die Juden empfänglich gewesen, ist nicht zu widerlegen, wird aber von dem spärlichen direkten Quellengut auch nicht erhärtet. In sämtlichen verfügbaren Aufzeichnungen bis Ende 1918 kommt das Wort Jude nicht vor. Nur 1912 heißt es einmal in der Erläuterung zu einem gezeichneten Kostümentwurf für Wagners Siegfried: *Jung Siegfried, gut bekannt aus den Tagen der Linzer Oper. Wagners Stück zeigte mir erstmals, was Blutmythos ist.*[53]

Aus den vierzehn Jahren 1905 bis 1918 liegen 55 Belegstücke vor von Hitlers Hand: Briefe, Eingaben an Behörden, Gedichte, Bildunterschriften. Durchschnittlich vier Materialien pro Jahr – ein so lückenhafter Bestand verschafft natürlich keinen zulänglichen Einblick in die Geisteshaltung, die von den beiden Daten begrenzt wird. Doch würde ein radikaler Antisemit, als welcher Hitler sich schon für die spätere Wiener Zeit ausgibt, vermutlich in der einen oder anderen Mitteilung einmal Entsprechendes äußern. Weil aber diesbezüglich jeder Hinweis fehlt, müssen wir der Selbstdarstellung mißtrauisch begegnen: wie er unter *inneren seelischen Kämpfen*, grübelnd, wägend, vergleichend, schrittweise *vom schwächlichen Weltbürger zum fanatischen Antisemiten geworden* sei; wie *erst nach monatelangem Ringen zwischen Verstand und Gefühl . . . der Sieg sich auf die Seite des Verstandes zu schlagen* begonnen habe.[54] Das alles ist nicht mehr zu rekonstruieren. Erkennbar ist nur das Geschick, mit dem der Propagandist seine jetzige Anschauung als schwer erkämpft und daher um so durchdachter und gefestigter hinstellt.

An einer Stelle verrät sein Buch, wo noch am ehesten eine persönlich begründete Anfälligkeit liegen konnte, die Juden abzulehnen. An Karl Lueger, dem *gewaltigsten deutschen Bürgermeister aller Zeiten*[55], bewundert er den Blick für die Bedeutung der Volksschichten unterhalb des besitzenden Bürgertums und oberhalb des Proletariats, jener zu aktivierenden Massen, die sich sozial gefährdet fühlten. *So stellte er seine neue christlich-soziale Partei in erster Linie auf den vom Untergange bedrohten Mittelstand ein und sicherte sich dadurch eine nur sehr schwer zu erschütternde Anhängerschaft von ebenso großer Opferwilligkeit wie zäher Kampfkraft.*[56] Hier spricht nicht nur augenzwinkernd der politische Kollege: siehst du, ich mach's genauso; hier meldet sich der Mitbetroffene von Wien. Er hatte in beständiger Sorge gelebt, seine ungesicherte Existenz könne in den sozialen Abstieg führen. Bei hunderttausendfachem Bemühen gerade jüdischer zugewanderten Habenichtse, einen Platz an der Sonne zu gewinnen, erschien es nur zu leicht, verdrängt, deklassiert zu werden, abzurutschen. Schließlich reichte das ererbte Geld nicht ewig. Man kann mit gönnerhafter Attitüde auf die Waisenrente verzichten und damit den Sozialgeruch des «Waisenkindes» loswerden und dennoch atmosphärisch einen Existenzdruck bedrohlich auf sich lasten sehen, wenn man nur von der materiellen Substanz lebt.

Persönlich negative Erfahrungen mit Juden, irgendein haßzeugendes Schlüsselerlebnis, findet keiner bei Hitler, hingegen positive Eindrücke. Ein jüdischer Arzt pflegte die Mutter; daß sie trotzdem starb, war ihm nicht vorzuwerfen. Wohlhabende Juden kauften seine Bilder. Jahre danach schlug ein jüdischer Regimentsadjutant den Gefreiten zum Eisernen Kreuz I. Klasse vor, und er trug die Auszeichnung zeitlebens mit Stolz. Die biographisch faßbaren Privaterlebnisse ergänzen also nicht die anonym-gesellschaftliche Grundstimmung, sondern arbeiten ihr entgegen. Zum hinreichend überzeugenden Gesamtbild wollen die Elemente sich nicht fügen, geben nicht Aufschluß, wann und wodurch hervorgerufen worden ist, was sich bei Hitler dann zum Komplex verdichtete: die Gefährdung der Welt durch die Juden.

Drittens nun der Antimarxismus. Wie stand es mit dem? Zwei Grundanschauungen des 19. Jahrhunderts waren, gegenseitig feindgesinnt, ins 20. Jahrhundert geschritten: Nationalismus und Sozialismus. Die Sozialdemokratie verstand sich als überstaatlich, gegenelitär und sendungsbewußt. Die Patrioten, je eifernder, desto mehr, verachteten die Marxisten, hatten zugleich Angst vor den Parolen der Weltrevolution und igelten sich ein. Schon von der allgemeinen Konstellation her ist glaubhaft, daß Hitler frühzeitig Sozialistengegner war. Dem angeblichen marxistischen Anschauungsunterricht auf dem Bau braucht dabei nicht viel Gewicht beigelegt zu werden. Der Müßiggänger war nicht gezwungen, sich dort zu verdingen, selbst wenn er wiederholt versichert, *ich suchte nur nach Arbeit, um nicht zu verhungern*[57]. Auch ließen sein stutzerhaftes Äußere und die distanzierte Künstler-Pose kaum zu, daß er sich dorthin verirrte. Ziegelschleppend in luftige Höhe zu steigen, wäre in seinen Augen doch sozial das gerade Gegenteil gewesen, der gefürchtete Abstieg aus dem vom Vater erkämpften mittelständischen Niveau.

Eine reizempfindliche Abwehrhaltung – viel mehr ist seinem Verhältnis zur Sozialdemokratie in Wien kaum zuzutrauen. Der prägnante Moment, an dem der passive Widerwille ins Kämpferische umschlug, könnte am Kriegsende 1918 anzunehmen sein: als der verwundete Frontsoldat wie so viele seiner Kameraden überzeugt war, die Kapitulation sei durch einen Dolchstoß von hinten erzwungen worden.

Eine folgenreiche Gedanken-Koalition brachte Hitler aus den Vorkriegsjahren dahin mit; nicht seine geistig eigene, aber eine, die bald mit seinem Auftreten gleichgesetzt wurde: die Verbindung jener beiden Größen Nationalismus und Sozialismus. Sie waren nicht unvereinbar. Wie dachten beispielsweise volksdeutsche Arbeiter, in Böhmen etwa? Als Auslandsdeutsche fühlten sie vaterländisch; wollten sie zugleich Sozialisten sein, so störte sie daran das Nicht- und Übernationale. Daraus entstand ein neues politisches Amalgam, der nationale Sozialismus. Er trat 1904 in Böhmen als «Deutsche Arbeiterpartei» erstmals hervor. Die Partei vereinigte bald über 60 000 Mitglieder und errang 1911 bei den Wahlen zum Reichsrat drei Mandate. Im letzten Kriegsjahr wurde sie in «Deutsche Nationalsozialistische Arbeiterpartei» – DNSAP – umbenannt. Die fünf Buchstaben waren also schon vor Hitler da ...

Insgesamt und zusammenfassend: Während Adolf Hitler 1924 in München am ersten Prozeßtag behauptete, *als Alldeutscher habe ich in der Jugend schon dieses Herrscherhaus bekämpft ... ich kam nach Wien als Weltbürger und zog ... wieder fort als absoluter Antisemit, als Todfeind der gesamten marxistischen Weltanschauung*[58] – während er also eine geschlossene ideologische Dreiheit schon für die Vorkriegszeit glaubhaft machen wollte, stützen die erkennbaren Anzeichen dieses Selbstporträt nicht. Dieses alles war eher umrißhaft als voll inhaltlich vorhanden, dem Anschein nach. Wie es jedoch im Rankeschen Sinne «eigentlich gewesen», das wissen wir auch nach vielen Tausenden Seiten biographischer Forschung nicht im wünschenswerten Maß.

Flucht

Das deutsche Nationalgefühl des jungen Österreichers, innerhalb der weltanschaulichen Dreiergemeinschaft sicher am frühesten ausgeprägt, war indirekt der Grund, daß er 1913 nach München übersiedelte. Die Polizei suchte ihn wegen Wehrdienstflucht. In der Armee der völkerreichen Monarchie wollte er nicht dienen. Das Versteckspiel begann 1909 mit dem jahrganggemäßen Aufruf zur «Verzeichnung». Im Frühjahr 1910 wäre dann die «Hauptstellung» fällig gewesen. Beides beachtete er nicht, keineswegs aus Widerstand gegen Soldatsein an sich, sondern nur gegen habsburgisches Soldatsein. Der musikstudierende Kubizek entschied sich für die Uniform, obwohl sein Freund flehentlich mahnte: *Auf keinen Fall darfst du dich stellen, Gustl, du bist ein Narr, wenn du dich stellst.*[59]

Hitler, als «Stellungsflüchtling» auf der Fahndungsliste, wechselte im Herbst 1909 seine Quartiere häufig bis hin zum Obdachlosenasyl, tauchte also schlicht unter. Dann merkte er wohl, daß die k. u. k. Behörden nicht allzu energisch nach verschwundenen Dienstpflichtigen fahndeten. Sonst hätte der Gesuchte nicht seit Dezember 1909 dreieinhalb Jahre unbehelligt im Männerheim im 20. Bezirk gewohnt. Seine weit über fünfhundert Insassen auf Wehrdienst-Schuldigkeit zu überprüfen, lag dem unmilitaristischen Wesen der Wiener Polizei anscheinend fern.

Aber nicht jede Nachforschung schlief ein, und im Mai 1913 zog der Vierundzwanzigjährige es vor, vielleicht weil er Gefahr witterte, den Aufenthalt zu wechseln – nicht nur die städtische Adresse, gleich die Stadt. Brav meldete er sich ab, und anstandslos ließ man ihn ziehen. Zufällig einen Tag später nahm Oberst Redl sich das Leben, nachdem sein Verrat der österreichischen Aufmarschpläne an Rußland offenkundig geworden war. Hitler fühlte sich bestätigt: In solcher Armee kann man doch nicht dienen ...

In München wohnte er in einem möblierten Zimmer in der Schleißheimer Straße bei Schneidermeister Popp und setzte sein bisheriges Leben fort: auskömmlich, menschenarm (auch Frauen kommen darin bisher nicht vor), kunstdilettierend, dabei unberührt von den aufregenden modernen Strömungen gerade der Malerei und gerade in München. *Mein Kampf* preist zwar die *Metropole der deutschen Kunst: man kennt ... die deutsche Kunst nicht, wenn man München nicht sah*[60] – aber die eigene kleinpusselige Genügsamkeit dementierte den Anspruch mit jedem Pinselzug. Exakte Wiedergabe schöner Gebäude, darin erschöpfte sich sein aktives Kunstbemühen. Die Zeit vor dem Krieg nennt er *die glücklichste und weitaus zufriedenste*[61] seines bisherigen Lebens.

Die autodidaktische Aneignung bei gleichzeitiger Abschirmung wandte er genauso beim Lesen an. Viel Mühe ist aufgewendet worden, die

Lektüre der Werdezeit zu ermitteln. Es gab kaum ein Gebiet, das ihn nicht interessierte (Kubizek: «Ich kann mir Adolf gar nicht ohne Bücher vorstellen»[62]). Mit zahllosen Detailkenntnissen, die sein vorzügliches Gedächtnis speicherte, verblüffte er zu gegebener Zeit Fachleute aller Sparten. Aber es war gestapeltes Wissen, nicht Bildung. Bei aller Wahllosigkeit sonderte er in der Weise, daß, sobald eine Ansicht einmal feststand, nur noch gedanklich hinzugenommen wurde, was die Überzeugung bestätigte. Jede noch so fundierte Gegenmeinung wurde verworfen.

Unterdessen hatte irgendein wacher Inspektor im österreichischen Behörden-Labyrinth die unerlöst umherwandernde Militär-Akte Hitler mehr als nur flüchtig angeschaut. Man fand heraus, daß der «Kunstmaler Adolf Hietler» nach München übergesiedelt war, und ersuchte die Kollegen an der Isar, «dienstfreundlichst ... bekannt zu geben, ob Genannter dort gemeldet ist»[63]. Nach zustimmender Antwort schnappte die Falle zu. Hitler wurde aufgefordert, sich in Linz der Militärkommission zu stellen, widrigenfalls die Strafbestimmungen des Wehrgesetzes auf ihn angewendet würden. «Der künftige Oberbefehlshaber der großdeutschen Wehrmacht sann verzweifelt nach einem Trick, dem Militärdienst zu entrinnen» (Werner Maser[64]).

In einem langen Brief an den Magistrat von Linz setzte er auseinander, daß die kurzfristig anberaumte Vorladung ihm die größten Schwierigkei-

Feldherrnhalle in München. Hitler-Aquarell 1913/14

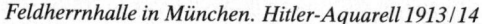

ten bereitet habe, *die dazu benötigten zumindest für mich immerhin beträchtlichen Geldmittel aufzubringen.* Das Einkommen sei nämlich *nur ein sehr bescheidenes, gerade so groß daß ich eben mein Auskommen finde . . . Nur einen Bruchteil meiner Zeit kann ich zum Broterwerb verwenden, da ich mich als Architektur Maler noch immer erst ausbilde.*[65] Er entwirft Schauerbilder nie erlittener Leiden, um plausibel zu machen, warum er sich 1909 nicht zum Militär gemeldet habe. Jung, unerfahren und völlig mittellos, habe er davon gar nichts gewußt. *Zwei Jahre lang hatte ich keine andere Freundin als Sorge und Not, keinen anderen Begleiter als ewigen unstillbaren Hunger.*[66] Die Unterlassung wird als schuldhaft zugegeben, mit dem Bemerken, er habe sich 1910 nachträglich gemeldet, ein Protokoll unterschrieben, eine Krone bezahlt und *im übrigen nie mehr etwas davon gehört. Es konnte mir jedoch nie einfallen mich der Stellung zu entziehen, so wenig als ich mich etwa zu diesem Zwecke in München befinde.*[67]

Das Schreiben ist halb weinerlich, halb unterwürfig und ganz und gar durchtrieben, auch darin, daß es die angebliche Nach-Meldung präzise bezeichnet (*in Wien im Konskriptionsamte I B Rathaus*[68]) und unnachprüfbar unterstellt, der Aktenvorgang sei auf dem Dienstweg verlorengegangen.

Der Brief, das Gesellenstück des Taktikers Hitler, muß die Linzer gerührt haben. Sie erließen ihm die «Nach-Stellung» in Linz und gaben seiner Bitte statt, ins nähere Salzburg zu fahren. Dort erschien er am 5. Februar 1914 – und wurde vom Wehrdienst befreit. Welche Szene der mit wirksamem Auftreten begabte, blaßhäutige Mittzwanziger hier aufgeführt hat, ist nicht mehr zu erfahren. Unweigerlich tritt die Groteske vor Augen, die Thomas Manns Hochstapler Felix Krull aus gleichem Anlaß inszeniert. Im Ergebnis gleichen sich der fabulierte und der wirkliche Befund der Musterungskommission. Adolf Hitler wurde als «zum Waffen- und Hilfsdienst untauglich, zu schwach» eingestuft und mit dem erleichternden Bescheid «Waffenunfähig»[69] wieder nach München entlassen.

So war er von der Nachstellung, im doppelten Sinne, endlich frei – um bei erster Gelegenheit dem deutschen Heer den Dienst anzubieten, dem er sich auf österreichischer Seite mit Ausreden und gewiß mitleiderregender Selbstdarbietung entzogen hatte. Widersinnig war das nicht, nur eine klare Option für den deutschen Nationalstaat, für eine «deutsche» Armee und gegen die Streitmacht eines völkerbunten Gemischs.

Der Kriegsfreiwillige

Die erfahrener gewordenen europäischen Völker, durch ihr Elend geläutert, können nicht mehr nachfühlen, mit welchem freudigen Kampfeswillen Millionen ihrer Väter- und Großväter-Generation 1914 aufgebrochen sind, jeder überzeugt, der andere sei der Bösewicht, den es von den heiligen Grenzen fernzuhalten gelte.

Wie sehr die Massenekstase mit wenigen wohltuenden Ausnahmen alle durchdrang, zeigen Äußerungen geachteter Männer, deren Berufe eigentlich zur Besonnenheit verpflichteten: der kosmopolitischen Dichter, auch der Geschichtsforscher, die doch so viel von den Verirrungen der Völker wissen mußten. Der Volkswirtschaftler Georg Friedrich Knapp in Straßburg, Vater von Elly Heuss-Knapp, einer aus der kleinen Schar nüchtern gebliebener Geister, schrieb spöttisch an den Historiker Alfred Dove: «Finden Sie nicht, daß die Kundgebungen unserer Kollegen eine starke Ähnlichkeit haben mit dem Stammesgeheul der Sioux-Indianer?»[70]

Ohne die trunkene Kriegsbegeisterung und ohne die Siegesgewißheit gerade in Deutschland, Folge starker Selbstüberschätzung, wäre die Niederlage 1918 nicht derart als Höllensturz empfunden worden. Das wiederum hatte die bösesten Folgen, zusammen mit der Zuweisung der Alleinschuld am Kriege. So greifen die Erscheinungen engstens ineinander.

Am 1. August 1914 drängt sich eine Menschenmenge auf dem Münchner Odeonsplatz und bejubelt die Proklamation des Kriegszustandes. Davon gibt es einen Schnappschuß. Die scharfen Augen des «Hoffotografen» Hitlers, Heinrich Hoffmann, haben in den zwanziger Jahren in der massenköpfischen Anonymität die winzigen Umrisse seines inzwischen sehr bekannten Gesichts entdeckt. Vergrößert, treten unverkennbar die Züge Adolf Hitlers hervor. Der Namenlose, der sich hier quetscht, hat bald selber Massenversammlungen aufzubieten verstanden wie niemand sonst. Der Gegensatz gibt dem Kamera-Augenblick unvermeidlich historischen Reiz. Der Fünfundzwanzigjährige schwenkt mit freudigem Ausdruck den Hut. In seinem Bekenntnisbuch wird er dann schreiben: *So quoll mir, wie Millionen anderen, denn auch das Herz über vor stolzem Glück ...*[71]

Die Aufnahme scheint die Worte zu beglaubigen. Aber spielte bei diesem Strahlen nicht noch eine andere Ursache mit? Er war von Ahnungen irgendeiner Zukunftsbedeutung sicher schon früh erfüllt gewesen, hatte seine Träume auch nicht der Alltagsfron irgendeines Brotberufes opfern wollen. Sein zielloser Trott war daher so etwas gewesen wie: Zukunft im Wartestand. Nur kann man nicht so recht davon leben. Vision und Wirklichkeit klafften auseinander, so daß eine seelische Mangellage, dumpfe Beschwernis und allmählich ganz konkrete Lebenssorgen drücken mußten. Da wirkte dann der Kriegsausbruch wie befreiend.

Natürlich deutet er sein Jubelerleben rein national, als Ausdruck des Glücks, *in dieser Zeit leben zu dürfen*, in der die deutsche Nation *um Sein oder Nichtsein* stritt.[72] Falsch wäre aber anzunehmen, er habe nur seine unerwähnten Kümmernisse nachträglich mit dem Mantel des Patriotismus zugedeckt. Dagegen spricht schon die Wortwahl des Pathetisch-Weihevollen: daß *die unerbittliche Hand der Schicksalsgöttin Völker und Menschen ... auf Wahrheit und Bestand ihrer Gesinnung* gewogen habe; daß er, Hitler, *nun im Gottesgericht des ewigen Richters als Zeuge ... zur Bekundung der Wahrhaftigkeit dieser Gesinnung* antreten durfte, *bereit, für ... Volk und ... Reich jederzeit zu sterben.*[73] Wir vermeiden Irrtümer, wenn uns das Mißtrauen, das seine zweckbestimmten Lügen wecken, nicht den Blick für die unverfälschten Empfindungen trübt, gerade, wenn sie stilistisch schwer erträglich sind.

Der Kriegsfreiwillige wendete sich an König Ludwig III. von Bayern mit der Bitte, in ein bayerisches Regiment eintreten zu dürfen, empfing das postwendend ergangene Antwortschreiben *mit zitternden Händen*[74] und las, daß das Gesuch genehmigt war. *So, wie wohl für jeden Deutschen, begann nun auch für mich die unvergeßlichste und größte Zeit meines irdischen Lebens.*[75] Nach neun Wochen sehr harter Ausbildung und nach dem Eid auf zwei Majestäten, Wittelsbach und Habsburg – denn er war ja österreichischer Staatsbürger –, wurde er im letzten Oktober-Drittel mit seinem Infanterie-Regiment Nr. 16 (List) nach Flandern transportiert.

Das Regiment List stieß gerade in die Phase des beiderseitigen «Wettlaufs zum Meer», Folge der französisch-britischen Umfassungsversuche. Bald erstarrte der Bewegungskrieg zum Stellungs- und Zermürbungskrieg, welcher dem Sprachschatz das neue Wort Trommelfeuer schenkte. Die begeistert hinausgestürmte Jugend der kriegsbeteiligten Länder krallte sich in immer tiefer gestaffelten Grabensystemen fest, aus denen von Zeit zu Zeit Offensiven Befreiung bringen sollten. Sie endeten stets von neuem nutzlos und opferreich – vier Jahre lang. Aus den romantischen Erinnerungen an mehr oder weniger glorreiche Kurzkriege des 19. Jahrhunderts wurde die ungeheuerliche Erfahrung eines Weltkrieges.

Aus Flandern schickte Hitler, der am 1. November 1914 Gefreiter wurde und einen Monat darauf das Eiserne Kreuz II. Klasse erhielt, Briefe nach München. Er erzählt lebendig, dabei in unsicherer Orthographie, von den gnadenlosen Schlammschlachten.

3. Dezember 1914: *4 Tage lagen wir im schwersten Kampfe und mit Stolz darf ich sagen, unser Regiment hat sich heldenhaft geschlagen schon am ersten Tag abends hatten wir fast alle Offiziere verloren ... Am vierten Tage*

waren von 3600 Mann so stark war unser Regiment noch 611 Mann übrig.
Aber die Engländer hatten wir geschlagen.[76]

26. Januar 1915: *Tag für Tag seit zwei Monaten zittert hier Luft und Erde unter dem Heulen und Krachen der Granaten, dem Platzen der Schrapfnelle. Früh beginnt das Höllenkonzert um 9 h und endet um 1 h Mittag um dan zwischen 3 h und 5 h Nachmittag den Höhepunkt zu erreichen. 5 h ist Schluß. Schaurig ist es wenn dann in der Nacht auf der ganzen Front oft der Kanonen Donner zu rollen anfängt ... Aber aus dem Ort bringt uns kein Tod und kein Teufel mehr hinaus.*[77]

5. Februar 1915: *... nun geht es bei uns zum Sturm. Wir kommen blitzschnell über die Felder vor, und nach stellenweise blutigem Zweikampf werfen wir die Burschen aus einem Graben nach dem anderen heraus. Viele heben die Hände hoch. Was sich nicht ergibt wird niedergemacht. Graben um Graben räumen wir so ... Links liegen einige Gehöfte die sind jetzt noch besetzt und wir bekommen furchtbares Feuer. Einer nach dem Ande-*

Hitler in der Volksmenge auf dem Odeonsplatz in München 1914

Der Gefreite
Adolf Hitler
mit dem Eisernen
Kreuz II. Klasse

ren bricht von uns zusammen … Nun ist noch ein Offizier übrig … In uns kocht die Wut. «Herr Leutnant führen Sie uns zum Sturm» schreit alles. Also dann vorwärts durch den Wald links hinein. auf der Straße kommen wir nicht vor. 4mal dringen wir vor und müssen wieder zurück, von meinem ganzen Haufen bleibt nur mehr einer übrig außer mir, endlich fällt auch der. Mir reißt ein Schuß den ganzen rechten Rockärmel herunter aber wie durch ein Wunder bleibe ich gesund und heil … 3 Tage kämpften wir so bis endlich am 3ten die Engländer geworfen wurden … Ich bin jetzt beim Stab als Gefechtsmeldegänger. In Bezug auf Schmutz ist es da etwas besser, dafür aber auch gefährlicher.[78]

Melder blieb er bis zuletzt und setzte so in eigentümlich passender Weise das frühere einzelgängerische Leben fort, jetzt geradezu wortgenau; geborgen zwischen Kameraden und doch allein und beziehungslos. Seine Individualität ging, wie sich zunehmend zeigen sollte, in Zielen und Zwecken auf, besaß etwas Unpersönliches oder Überpersönliches. In Gefechtspausen holte er die Mal- und Zeichen-Utensilien hervor, fertigte

45

Aquarelle oder Federskizzen: Häuser, Unterstände, einen Verbandsplatz, eine Klosterruine, einen Hohlweg, ein zerschossenes Dorf – jetzt rein nach der Natur im Gegensatz zu den Postkarten-Vorlagen, die er früher aus Bequemlichkeit herangezogen hatte. Sein sonst penibler Realismus gewann hier eine gewisse impressionistische Leichtigkeit.

Wenn der Gefechtseilbote nicht im Einsatz war, wenn er nicht zeichnete, nicht las, nicht schlief oder grübelte oder die Kampfgefährten nicht gerade durch Politisieren ärgerte, dann schrieb er zuweilen Gedichte. Diese recht unbekannte Persönlichkeitsäußerung gehörte nicht ausschließlich dem gesteigerten Kriegserleben an, hauptsächlich aber doch diesen Jahren. Seine gereimten und ungereimten Fronteindrücke sind im allgemeinen lesbarer als viele törichte Kriegsergüsse von Berufsdichtern. Zwischen poetische Klischees, denen der Dilettant auch nicht entgeht, gerät zuweilen der echte Klang empfundener Wirklichkeit: Ein deutscher Verwundeter schreit im Niemandsland um Hilfe. Endlich hört man ihn:

Zwei Männer nahen seinem Schmerzenslager
Ein Deutscher ist's und ein Franzos.
Und beide betrachten sich mit argwohnscharfem Blick
Und halten drohend das Gewehr im Anschlag.
Der deutsche Krieger fragt:
«Was tust du hier?»
«Mich hat des Ärmsten Hilferuf getroffen.»
«Es ist dein Feind!»
«Es ist ein Mensch, der leidet!»

Und beide senken wortlos das Gewehr.
Dann flochten sie die Hände ineinander
Und hoben sorglich mit gestrammten Muskeln
Den wunden Krieger, wie auf eine Bahre,
Und trugen ihn selbander durch den Wald,
Bis sie zur deutschen Postenkette kamen – –[79]

Für Hitler wurde die Schützengraben-Gemeinschaft zur Heimat. Der Außenseiter der bürgerlichen Ordnung sah sich zum erstenmal im Leben anerkannt. Die Vorgesetzten schätzten ihn als absolut verläßlich, kaltblütig und opferwillig. Die schwierigsten Aufträge vertraute der Regimentsstab am liebsten diesem Gefreiten an, den manche geradezu für kugelsicher hielten. Nach Urlaub drängte es ihn nicht, und als er im Oktober 1916 doch einmal leicht verwundet wurde, da war dies für ihn keineswegs der oft so begehrte «Heimatschuß», sondern die unliebsame Unterbrechung einer Lebensform, die nicht zu enden brauchte, an der er das Hoffnungslos-Unsinnige und Elende wegen seiner besonderen Voraussetzungen gar nicht wahrnahm. Für eine Erlebnis-Perspektive wie «Im Westen nichts Neues», seit 1928 das klassische Literatur-Denkmal der Materialschlachten, hatte er einfach kein Organ. Die gleichartigen äußeren

Hitler (ganz rechts) mit Kriegskameraden

Erfahrungen wurden bei ihm ganz anders abgelagert und eingeordnet als bei Remarque: Krieg und Opfer als metaphysische Sinnerfüllung, ehern, gewaltig und steigernd, wie dies der frühe Ernst Jünger für eine ähnlich große Anhängerschaft hernach in Worte faßte; der Wahrheitsanspruch war subjektiv nicht anders. Das gleiche Grauen, ganz gegensätzlich erlebt: Die Schatten kommender Todfeindschaften hingen schon über den Gräben und Gräbern der Westfront.

Das Jahr 1918 belohnte die Selbstlosigkeit des Gefreiten Hitler zuerst durch ein Regimentsdiplom für hervorragende Tapferkeit (9. Mai), danach durch das Eiserne Kreuz I. Klasse (4. August), eine seltene Verleihung an Mannschaftsdienstgrade. Der Vorschlag ging vom jüdischen Regimentsadjutanten Hugo Gutmann aus. Im Verleihungsantrag des Regimentskommandeurs Oberstleutnant Freiherr von Godin heißt es: «Als Meldegänger leistete er sowohl im Stellungskrieg als auch im Bewegungskrieg Vorbildliches an Kaltblütigkeit und Schneid und war stets freiwillig bereit, Meldungen in schwierigsten Lagen unter größter Lebensgefahr durchzubringen ... Ich halte Hitler für ... würdig zur Auszeichnung mit dem EK I.»[80]

Trotz seiner soldatischen Tugenden kam er in den vier Jahren nicht über den Gefreiten hinaus. Im Nürnberger Prozeß sagte der Regimentsadjutant Fritz Wiedemann, man habe eine Beförderung zum Unteroffizier erwogen, dann aber davon abgesehen, «weil wir keine entsprechenden Führereigenschaften an ihm entdecken konnten»[81]. Auch habe er selber nicht befördert werden wollen. Die Aussage steht irritierend in einer Lebensgeschichte, in der doch gerade Führungswille und -vermögen im Übermaß hervorgetreten sind. Wenige Jahre nach der subalternen Genügsamkeit hatte der Heimkehrer schon zielstrebig Autorität aufgebaut und Anfänge von Herrschaft begründet und sie im weiteren Verlauf gegen alle Widerstände gefestigt und behauptet.

Der scheinbare Widerspruch schwindet, wenn man die jeweiligen Aufstiegschancen gegeneinanderhält. Der Frontkämpfer war nicht führungsunfähig, nur -unwillig. Er wäre ja mit seiner Schulbildung im Unteroffizierskorps steckengeblieben. Das war seinem schlummernden demagogischen Instinkt zu wenig. Folglich wurde keinerlei Autoritätswille hervorgekehrt und somit nicht erkannt. Als sich dann in der Gleichrangigkeit einer demokratischen Parteiengesellschaft ganz andere Möglichkeiten auftaten, wurden sie fährtensicher genutzt. Der Schlüssel zum Verständnis liegt also im Nachsatz der Zeugenaussage: er habe nicht befördert werden wollen.

Nicht daß der Gefreite seine künftigen Aussichten vage kommen sah. Sonst hätte er nicht bis zuletzt auf den Sieg gehofft, voll Zorn auf *die Pazifisten und die Drückeberger, die den Krieg verlieren*[82]. «Weder eine Ahnung noch Berechnung sagten ihm, daß er für seinen Aufstieg aus der Namenlosigkeit viel eher der Niederlage bedurfte» (Joachim Fest[83]).

Sie nahte unaufhaltsam. Hunderttausende Amerikaner, unverbraucht und kampfbegierig, schifften über den Atlantik oder standen bereits auf dem Festland, eine lebendige Bluttransfusion für ihre Verbündeten, die zu letztem Siegeswillen hochgerissen wurden. Das Stärkeverhältnis verlagerte sich radikal zu Deutschlands Nachteil, und selbst Wunder an Tapferkeit konnten daran nichts ändern. Die letzte Chance, im Westen möglicherweise noch zu einem Ausgleichsfrieden zu kommen, hatte die Oberste Heeresleitung Hindenburg und Ludendorff im Winter 1917/18 verspielt, als sie dem quasi geschlagenen Rußland einen harten Siegfrieden diktierte, der starke militärische Kräfte weiterhin band, statt mit der neuen bolschewistischen Regierung einen entlastenden Vergleich zu schließen. Während deutsche Truppen im Frühjahr und Sommer 1918 bis ins Donezbecken und zum fernen Georgien vordrangen und die alldeutsche «Vaterlandspartei» sich für geschichtliche Augenblicke das Triumphgebilde eines Ostimperiums bis zum Orient vorgaukelte, während also die ausschweifendsten Territorialträume leibhaftig und wahr zu werden schienen – brach der leitende Stratege in seinem belgischen Hauptquartier nervlich zusammen. Rasende Sorge überfiel den General Ludendorff, der dünne feldgraue Schleier vor dem reservenlosen Hinterland könnte jeden Moment reißen. Der Feldherr mit den stets griesgrämig herabgezogenen Mundwinkeln, ein übellauniger Herrenmensch, geriet

Kaiser Wilhelm II. mit Hindenburg und Ludendorff (rechts)

Berlin 4 11 13

Vor- und Familienname der Nr. der Erkennungsmarke:	Adolf Hitler				
Tag und Ort der Geburt:	20. 4. 89. Braunau Ober-Österreich				
Lazarett:	Res. Laz. Pasewalk			H. Kr.-B.-Nr.: 7362	

D V F	Truppen-teil	Dienst-grad	Krankheit oder Verwundung	Zugang am	Abgang am

Krankenblatt aus dem Lazarett in Pasewalk 1918

in Panik. Während er im Osten den totalen Sieg praktizierte, sah er im Westen die totale Niederlage vor sich. Um der Welt nicht den Anblick eines niedergestreckten Riesen zu bieten, verlangte er von der Reichsregierung ein sofortiges Friedensangebot an Präsident Wilson. Da das ahnungslose Volk einschließlich der Abgeordneten unbeirrt an den Sieg glaubte, war der Schock niederschmetternd. Wir sollten uns den Augenzeugenbericht vom Reichstag nicht entgehen lassen:

«Die Abgeordneten waren ganz gebrochen; Ebert wurde totenblaß und konnte kein Wort herausbringen; der Abgeordnete Stresemann sah aus, als ob ihm etwas zustoßen würde ... Der Minister von Waldow soll den Saal mit den Worten verlassen haben: Jetzt bleibe ja nur übrig, sich eine Kugel durch den Kopf zu schießen. Herr von Heydebrand, der Führer der preußischen Konservativen, stürzte in den Wandelgang hinaus mit dem Schrei: ‹Wir sind vier Jahre lang belogen und betrogen worden!»[84]

Ludendorff erzwang Anfang Oktober die Friedensnote entgegen allen Einwänden, daß man damit dem Gegner Schwäche signalisiere. Als die diplomatischen Folgen sichtbar wurden – politische Versteifung auf amerikanischer Seite –, erhob sich in Deutschland keineswegs ein Zornesschrei gegen den Schuldigen; die Urheberschaft wurde im Volk gar nicht

50

richtig erkannt. Die Reichsregierung mit (erstmalig) parlamentarischer Verantwortlichkeit hatte aus militärischen Rücksichten den Eindruck vermittelt, die Friedensinitiative gehe von ihr aus. Unfreiwillig begünstigte sie damit die reifende Dolchstoßlegende: Sah nicht jedermann, die Linken, mit dem Staatssekretär Scheidemann in der Regierung, waren friedenswillig, aber das Heer stand fest ...?

So dachte auch der Gefreite Hitler, als er, durch Gasgranaten zeitweilig erblindet, im Lazarett von Pasewalk in Pommern die Revolution erlebte, die aber gar nicht von schlappen Zivilisten ausgegangen war, sondern von des Kaisers Elitetruppe, den Matrosen in Wilhelmshaven und Kiel. Das war der einzige Schönheitsfehler in der Dolchstoß-Version, die die nachfolgende Republik wie ein Nessushemd vergiftete.

Als er erfuhr, *daß das Haus Hohenzollern nun die deutsche Kaiserkrone nicht mehr tragen dürfe, daß das Vaterland «Republik» geworden sei ... daß wir den langen Krieg nun beenden müßten, ja daß unser Vaterland für die Zukunft ... schweren Bedrückungen ausgesetzt sein würde*, da, so lesen wir, *hielt ich es nicht mehr aus. Seit dem Tage, da ich am Grabe der Mutter gestanden, hatte ich nicht mehr geweint ... Nun aber konnte ich nicht mehr anders.*[85] Die melodramatische Schilderung im 7. Kapitel, *Die Revolution*, führt weiter zum Erwachen von *Haß gegen die Urheber dieser Tat* und endet mit dem meistzitierten Satz aus *Mein Kampf: Ich aber beschloß, Politiker zu werden.*[86]

Das ist, für nationale Leseraugen von damals, wirkungsvoll gezimmert, mit dem Rührungselement des Persönlichen darin; muß auch nicht erlogen sein. Der «nationale Hitler» war ja längst vorhanden. Konnte er hier nicht tatsächlich das Erweckungserlebnis gehabt haben, das die Sendungsgefühle aus dem Ruhezustand ins Aktivistische hochtrieb? Berufungen hat es zu allen Zeiten gegeben. Sie entziehen sich rationaler Erklärung, und segensreich müssen sie nicht sein. Der scharfe biographische Knick zwischen den Jahren vor und seit 1919, die Dynamik, die der Politiker seit seinem ersten Auftreten vor der Menge aus rätselvollen Energiequellen freisetzte, das lodernde Missionieren für Ideologien, die ihn dann bis zu seinem Ende beherrschten – alles fügt sich ins Traditionsmuster der «Erweckung». Dem steht jedoch das Eingeständnis von 1939 störend entgegen, er sei 1919 nur nach inneren Kämpfen Politiker geworden. Auch war sein angeblicher Entschluß erst nach mehrmonatigem Kasernenleben in München, welches mit Gefangenenbewachung in Traunstein wechselte, also nach gleichgültigem Trott, ins tätig Propagandistische umgeschlagen.

Vielleicht ist die Wahrheit gespalten. Der Schock von 1918, gemischt aus dem Verlust der Frontheimat, der eigenen Versehrtheit und dem Schmerz über das nationale Unglück, hatte ihn entzündet, ohne daß die Verhältnisse sich anfänglich für eine Betätigung eigneten. Dann erkannte der Dreißigjährige mit einemmal seine rednerischen Fähigkeiten, merkte, daß er «ankam». Nun füllte sich das Gefäß mit Inhalt. Die dunkel gefühlte Berufung hatte ihr Werkzeug gefunden: die Masse.

Der Demagoge

«Ich konnte reden»

Verworren und turbulent waren die Monate nach dem Ende des Ersten Weltkriegs in München. Der Wittelsbacher-König Ludwig III. floh, der gemäßigte Sozialist Kurt Eisner aus Berlin, mehr Journalist und Literat als Politiker, bildete eine Koalitionsregierung mit sozialdemokratischem Übergewicht. Die Landtagswahlen im Januar 1919, zur Zeit der Spartakuskämpfe in Berlin, stärkten die bürgerlichen Parteien. Eisners Unabhängige Sozialdemokraten (USPD) erlitten eine schwere Niederlage. Bevor die Machtfrage parlamentarisch oder außerparlamentarisch ausgetragen wurde, erschoß ein Fanatiker der Rechten, Anton Graf Arco-Valley, Kurt Eisner. Aus den Wirren erhob sich im April eine kommunistische Räteherrschaft, die aber kaum mehr als zwei Wochen Macht ausübte. Dann wurde München von Regierungstruppen unter preußischem Befehl erobert. Die blutige Gewalt der Kommunisten unmittelbar vor ihrem Abtreten (Geiselerschießungen) ging wechselseitig einher mit verstärktem Gegenterror der «weißen» Befreier.

Der Gefreite Adolf Hitler hatte die unruhvolle letzte Zeit in der Kaserne erlebt, seiner militärischen Ersatzheimat nach den glücklichen Jahren im Schützengraben. In die Randexistenz der Vorkriegs-Bohème zurückzukehren, verspürte er keine Neigung. In diesen Monaten war er durch nichts aufgefallen; persönliche Zeugnisse gibt es nicht oder nicht mehr. Anzunehmen ist, daß sein Weltbild hier einen Reifeprozeß durchlaufen hat; zeigte sich doch der Sozialismus von seiner schlechtesten Seite.

Der deutsche Kommunismus schöpfte damals moralisch aus dem Kraftquell der gelungenen Oktoberrevolution in Rußland, verkannte aber die Unterschiede in der Mentalität und sozialen Gesamtlage zwischen dort und hier. Das undifferenzierte, oft brutale Vorgehen bewirkte Ablehnung statt Zulauf. In seinem «Spartakus»-Drama «Trommeln in der Nacht» läßt Bertolt Brecht, damals noch nicht Kommunist, einen Betrunkenen recht bezeichnend singen:

> Im November war ich rot
> Aber jetzt ist Januar.

Eine schon älter verwurzelte Angst vor der propagierten Weltrevolution und aktueller Anschauungsunterricht machten Deutschland mehr-

Das Werdenfelsener Freikorps, das mit anderen Freiwilligenverbänden die Münchner Räterepublik bekämpfte

heitlich unanfällig für den Kommunismus. Ein sowjetischer Herrschaftsversuch in der Hauptstadt des konservativsten deutschen Volksstammes: ein Widerspruch. Die Empfindungen darüber verflogen nicht mit dem Schall der letzten Gewehrsalven; es blieb viel zurück und prägte das Klima in München. Nach linken Rätewirren suchten viele ihr politisches Heil in betonter Orientierung nach rechts.

Zum zweitenmal erlebte Hitler entscheidende Jahre in weltanschaulichem Reizklima: nach dem antisemitischen in Wien nun das antimarxistische in München. Die führenden Münchner Marxisten waren auch noch Juden gewesen. Daß solche in beiden Lagern standen – der «nationale» Mörder Eisners war Halbjude – dürfte Hitler in seiner selektiven Verarbeitungsweise nicht gewertet haben. Im Zentrum der Reaktion auf kommunistische Revolutions-Experimente unterschied er weder zwischen marxistischen und nationalen Juden noch zwischen links und links: zwischen denen, die die staatliche Ordnung bekämpften, und denen, die sie in der Reichsregierung repräsentierten und verteidigten. Das war ihm alles eins, zumal diese Reichsregierung im Sommer 1919 auch noch (unter stärkstem französischem Druck) das Versailler Friedensdiktat mit seinen erdrückenden Lasten – auf Grund der Unterstellung der Alleinschuld am Krieg – unterschrieb.[87]

Nach der Räteherrschaft wollte das Reichswehrgruppenkommando 4 in München politisch aufklärend wirken; die Truppe war nach dem verlorenen Krieg «anfällig». Eine Propaganda- und Nachrichten-Abteilung entstand unter Leitung von Hauptmann Karl Mayr. Er suchte nationalgesinnte Vertrauenspersonen («V-Männer»), die aber selber erst für ihre Aufgabe präpariert werden mußten. Mayr richtete an der Universität zu diesem Zweck Informationskurse ein. «National zuverlässige» Hochschullehrer ebenso wie externe Lehrkräfte vermittelten dort das nötige Rüstzeug. Auch den Gefreiten Hitler, der ihm empfohlen worden sein mußte, schickte der Hauptmann in die Universität. Dem Historiker Karl Alexander von Müller fiel in einer Pausendiskussion Hitlers Leidenschaft in der Rede vor Zuhörern auf; sie lauschten ihm gebannt. Professor von Müller informierte den Aufklärungsoffizier über das offensichtliche Naturtalent unter seinen Leuten. Im August wurde der Gefreite zusammen mit Kameraden zu nationaler Propaganda-Arbeit ins Lager Lechfeld entsandt, zu «infizierten» Heimkehrern aus der Gefangenschaft.

Von daher sind zum allererstenmal Hitlers rhetorische Fähigkeiten bezeugt. «Herr Hitler ist ... ein geborener Volksredner, der durch seinen Fanatismus und sein populäres Auftreten ... die Zuhörer unbedingt zur Aufmerksamkeit und zum Mitdenken zwingt.»[88]

Der emsige Hauptmann beobachtete natürlich auch das politische Leben in München. Am 12. September schickte er seinen erfolgreichen Agitator in eine Versammlung der «Deutschen Arbeiterpartei» (DAP), damit er sich einen Eindruck verschaffe. Die Partei, namengleich mit der Vorgängerin von 1904 in Trautenau/Böhmen, war am 5. Januar 1919 von dem Maschinenschlosser Anton Drexler gegründet worden, einem Bayern, der sich als Sozialist und Patriot zugleich verstand. «Reichsvorsitzender» war der Sportjournalist Karl Harrer, zugleich Mitglied der völkischen «Thule-Gesellschaft». Deren Richtung kennzeichnet eine programmatische Erklärung vom 9. November 1918: «Wir erlebten gestern den Zusammenbruch alles dessen, was uns vertraut, was uns lieb und wert war. An Stelle unserer blutsverwandten Fürsten herrscht unser Todfeind: Juda ... Nun wollen wir reden vom Deutschen Reich, jetzt wollen wir sagen, daß der Jude unser Todfeind ist, von heute ab werden wir handeln.»[89] Junge Leute wie Hans Frank, Rudolf Heß, Alfred Rosenberg, allesamt fanatische Antisemiten in Hitlers späterem Dritten Reich, fanden sich in dieser Gesellschaft. Die DAP war einer ihrer vielen geistigen Ableger und wurde mit Rednern beschickt; zu ihnen gehörte auch der Ingenieur Gottfried Feder, den Hitler schon von den Aufklärungskursen in der Universität kannte. In diesen Dunstkreis also trat Hitler Mitte September 1919 ein.

Als ich abends in das für uns später historisch gewordene «Leiberzimmer» des ehemaligen Sterneckerbräus ... kam, traf ich dort etwa 20–25 Anwesende, hauptsächlich aus den unteren Schichten der Bevölkerung.[90] Gottfried Feder, der zwischen «raffendem» und «schaffendem» Kapital zu unterscheiden pflegte, sprach über «Zinsknechtschaft». In der anschließenden Diskussion empfahl ein Teilnehmer – zwei Tage nach dem Friedensvertrag von St. Germain mit der totalen Amputation Österreichs

1919

– die Loslösung Bayerns vom Reich und die Vereinigung Bayerns mit Deutsch-Österreich. Den Anti-Österreicher aus Braunau erbitterte der Vorschlag so, daß er in die Debatte eingriff, *mit dem Erfolg, daß der Herr Vorredner*, noch ehe die Replik beendet war, *wie ein begossener Pudel das Lokal verließ*.[91] Den Ausbruch des Unbekannten kommentierte Drexler, zu seinem Nebenmann gewendet: «Mensch, der hat a Gosch'n, den kunnt ma braucha.»[92] Als der Gefreite in Zivil sich schon heimwärts wandte, kam Drexler ihm *nachgesprungen und drückte* ihm *eine* selbstverfaßte *politische Broschüre in die Hand ... «Mein politisches Erwachen».*[93]

Über den Karrierebeginn lasen dann die Hitler-Anhänger seit 1925 das weitere so[94]: Er habe einige Tage danach eine *Postkarte des Inhalts* bekommen, *daß* er *in die Deutsche Arbeiterpartei aufgenommen* sei; er möchte bitte am nächsten Mittwoch zu einer Ausschußsitzung dieser Partei kommen. Trotz des Erstaunens *über diese Art, Mitglieder zu gewinnen*, habe die Neugier den Ärger besiegt, und er sei zum festgesetzten Termin erschienen. Befremdet von *Vereinsmeierei allerärgster Art und Weise*, habe er hier dennoch Suchen und *Sehnsucht nach einer neuen Bewegung* bemerkt, *die mehr sein sollte als Partei im bisherigen Sinne des Wortes*. Die *Ratlosigkeit* dieses Häufleins *über alle die bisherigen Parteien, ihre Pro-*

Deutsche Arbeiter-Partei (D. A. P.)
Ortsgruppe München   Abteilung:

Mitgliedskarte

für Herrn Adolf Hitler Lothstr 29

München, den 1. Jan. 1920.

Nr. 555   Für den Arbeitsausschuß:
          Schriftwart   Drexler

Diese Karte gilt als Ausweis bei geschlossenen
Versammlungen

gramme, *ihre Absichten* sei seinem eigenen Willen begegnet, *daß politische Betätigung nur in einer neuen Bewegung zu geschehen vermochte* ... *Hier konnte man noch arbeiten* ... *Hier konnte noch der Inhalt, das Ziel und der Weg bestimmt werden, was bei den bestehenden großen Parteien von Anfang an schon wegfiel. Fazit: Nach zweitägigem qualvollem Nachgrübeln und Überlegen kam ich endlich zur Überzeugung, den Schritt zu tun. Es war der entscheidendste Entschluß meines Lebens* ... *So meldete ich mich als Mitglied der Deutschen Arbeiterpartei an und erhielt einen provisorischen Mitgliedsschein mit der Nummer: sieben.*

Nicht ersichtlich ist, warum jemand sich noch anmeldet, der doch schon aufgenommen worden war. Da das erste stimmt, wird das zweite fraglich. Der Aufnahme-Antrag ist erhalten, er stammt jedoch erst vom 19. Oktober 1919. Fünfzehn Tage vorher hatte Hitler seinen Hauptmann Mayr schriftlich gebeten, *diesem Verein oder Partei beitreten zu dürfen, da diese Männer den Gedanken des Frontsoldaten sprechen*[95]. Noch unterstand er der Disziplinargewalt des Heeres, das geordnet aus dem verlorenen Krieg in ein vom Gegner unbesetztes Land heimgekehrt war und erst durch den Versailler Vertrag auf die berühmten 100000 Mann schrumpfte. Die Bedenkzeit, ob er sich der DAP, einer «Mischung von Geheimbund und Dämmerschoppen» (Joachim Fest[96]) anschließen sollte, muß demnach länger als zwei Tage gedauert haben. Dann, am 19. Oktober, heißt es im Antrag: *Ich bitte um Aufnahme in die Deutsche Arbeiterpartei. Bin 30 Jahre alt* ... *Frontsoldat* ... *E. K. I. Mein Beruf ist Kaufmann, möchte aber Werberedner werden, man spricht mir diese Begabung zu.*[97]

Die Legende vom Parteimitglied Nr. 7 hielt der Nachprüfung auch nicht stand. Als siebenter trat er lediglich als Werbeobmann dem Arbeitsausschuß bei; seine erste Mitgliedskarte trägt die Nummer 555, wobei die kleinen Hochstapler im Sterneckerbräu kühn bei 501 begonnen hatten zu zählen. Genaugenommen war Hitler die Nummer 55 der DAP.

Mit welchen Argumenten der Werberedner unters Volk gehen würde, darüber war er sich selber nicht mehr im Zweifel. Ein Brief aus den Tagen der Fühlungnahme mit der DAP, das allererste rein politische Dokument von seiner Hand, zeigt bereits den fertigen Antisemiten. Der Brief war an einen anderen Streiter für die nationale «Aufklärung» gerichtet, in Ulm:

> ... *Zunächst ist das Judentum unbedingt Rasse und nicht Religionsgemeinschaft ... Durch tausendjährige Inzucht, häufig vorgenommen in engstem Kreise, hat der Jude im allgemeinen seine Rasse und ihre Eigenarten schärfer bewahrt als zahlreiche der Völker, unter denen er lebt. Und damit ergibt sich die Tatsache, daß zwischen uns eine nichtdeutsche fremde Rasse lebt, nicht gewillt und auch nicht imstande, ihre Rasseneigenarten zu opfern, ihr eigenes Fühlen, Denken und Streben zu verleugnen, und die dennoch politisch alle Rechte besitzt wie wir selber. Bewegt sich schon das Gefühl des Juden im rein Materiellen, so noch mehr sein Denken und Streben ... Alles was Menschen zu Höherem streben läßt, sei es Religion, Sozialismus, Demokratie, es ist ihm alles nur Mittel zum Zweck, Geld- und Herrschgier zu befriedigen. Sein Wirken wird in seinen Folgen zur Rassentuberkulose der Völker. Und daraus ergibt sich folgendes: Der Antisemitismus aus rein gefühlsmäßigen Gründen wird seinen letzten Ausdruck finden in der Form von Progromen. Der Antisemitismus der Vernunft jedoch muß führen zur planmäßigen gesetzlichen Bekämpfung und Beseitigung der Vorrechte des Juden, die er zum Unterschied der anderen zwischen uns lebenden Fremden besitzt (Fremdengesetzgebung). Sein letztes Ziel aber muß unverrückbar die Entfernung der Juden überhaupt sein. Zu beidem ist nur fähig eine Regierung nationaler Kraft und niemals eine Regierung nationaler Ohnmacht ...* [98]

Aus dem munteren Erzählstil des Kriegsfreiwilligen ist der hämmernde Takt des Demagogen geworden, entschlackt von allem Persönlichen, das reine, kalte Programm. Wenn er in dieser Frage je mit sich um seine Weltanschauung gekämpft hatte, wie er behauptet, dann jedenfalls war alles entschieden. Nichts mehr von Wenn und Aber, von Skrupeln oder Zweifeln: Im September 1919, zu Beginn der politischen Laufbahn, stand Hitlers Einstellung gegenüber den Juden fest; noch nicht im Beweisgang, doch im Ergebnis.

So energisch und entschlossen, wie der Brief wirkt, so zielbewußt und zupackend haben wir uns den Parteiaktivisten seit dem Moment seines Eintritts in den Arbeitsausschuß der DAP vorzustellen. Alles Unverbindliche der früheren Lebensweise: Schlendrian, Selbstisolierung, Koketterie mit einem Künstlertum, das nie den Test der Echtheit bestanden hatte, alles war abgestreift wie eine Schlangenhaut. Der Werbeobmann entfaltete eine Betriebsamkeit, die den biederen Parteioberen den Atem verschlug. Vor allem riß er den selbstgenügsamen Dämmerzirkel aus seinem Feierabendgeschwätz heraus in die Öffentlichkeit, schmiedete aus dem

Debattierclub ein schlagkräftiges politisches Instrument. Die ersten Erfolge wurden im Winter 1919/20 sichtbar. Es gelang Hitler, *der vollständigen Nichtbeachtung* (bezeichnender Nebensatz: *unter der ich am meisten damals litt*[99]) ein Ende zu setzen und eine wachsende Zahl von Münchnern für die DAP zu interessieren. Von einer Versammlung im Hofbräuhauskeller vor 111 Zuhörern schreibt er: *Ich sprach dreißig Minuten, und was ich früher, ohne es irgendwie zu wissen, einfach innerlich gefühlt hatte, wurde nun durch die Wirklichkeit bewiesen: ich konnte reden! Nach dreißig Minuten waren die Menschen in dem kleinen Raum elektrisiert.*[100]

Die rednerische Selbstentdeckung an diesem Abend ist, wie so vieles bei ihm, nachträglich zurechtgerückt, stilisiert. Er hatte beim Diktat in der Landsberger Haft vergessen, daß fast dieselben Worte schon in einem früheren Kapitel stehen: nämlich in seiner Schilderung der nationalen Erweckungsarbeit bei der Truppe. Schon der *«Bildungsoffizier»*[101] im Lager Lechfeld hatte gemerkt, er könne reden. Neu war jetzt nur, daß er nicht mehr im Schutzbezirk des Heeres und mit festem Auftrag für nationale Gesinnung warb, sondern in der freien Wildbahn ungehemmter Meinungsvielfalt. Insofern mag die erneute rhetorische Selbstbestätigung unter erschwerten Bedingungen zu einem gesteigerten Erfolgserlebnis geworden sein, zu einem Durchbruch. Immer wieder mußte er fortan, wie getrieben, das Rezept erproben: im Fluidum einer Massenversammlung mit Wortkaskaden, in Schweiß und Ekstase, die Menschen zu «kriegen». Der donnernde Applaus, unter dem er, erschöpft und um Pfunde leichter, das Podium verließ, muß das Glücksgefühl einer Droge verschafft haben – und das unstillbare Verlangen, sich alsbald von neuem zu narkotisieren. Nicht reden, das war wie Entzug. Hitler hat sich seine Millionen-Anhängerschaft in ungezählten Auftritten der «Kampfzeit» er-redet.

Wenn Nachgewachsene ihn sprechen hören, dann fühlen sie sich von der hetzerischen Heiserkeit entweder belustigt oder abgestoßen. Der Mann hat ein Zeitalter beeindruckt? Zunächst: Wir sind viel nüchterner geworden, nicht zuletzt seinetwegen; weil alle seine großen Worte zuletzt in Rauch und Feuer aufgegangen sind. Das Pathos, das in ohnehin wortempfänglichen Jahrzehnten, dazu in nationaler und wirtschaftlicher Bedrängnis, überwältigte, verfehlt heute völlig seinen Effekt. Flammende Aufreizung inmitten geordneten Lebensganges wirkt so, als pflege man Balkonblumen mit dem Feuerwehrschlauch. Demagogischer Erfolg setzt Ausnahmezeiten voraus, Entwurzelung, Not, enttäuschte Ideale. Dazu kommt das zweite: Hitlers Suggestion überträgt sich kaum akustisch, sie war aber persönlich außerordentlich und ist hundertfach bezeugt. Im Gefühlskontakt mit der Masse setzte er, sich völlig verausgabend, Kräfte frei, die sich willensmäßig übertrugen. Die geschichtliche Erfahrung weiß, daß dieses irrationale Phänomen in den Erfolgsbilanzen der großen Volkstribunen von jeher zu Buche schlug.

Joseph Goebbels, unzweifelhaft einer der begabtesten und gefährlichsten Redner, die es je gegeben hat, spürte Hitlers stärkste Waffe «kollegial» heraus, sobald er seiner Faszination erlegen war: «Als Redner ein

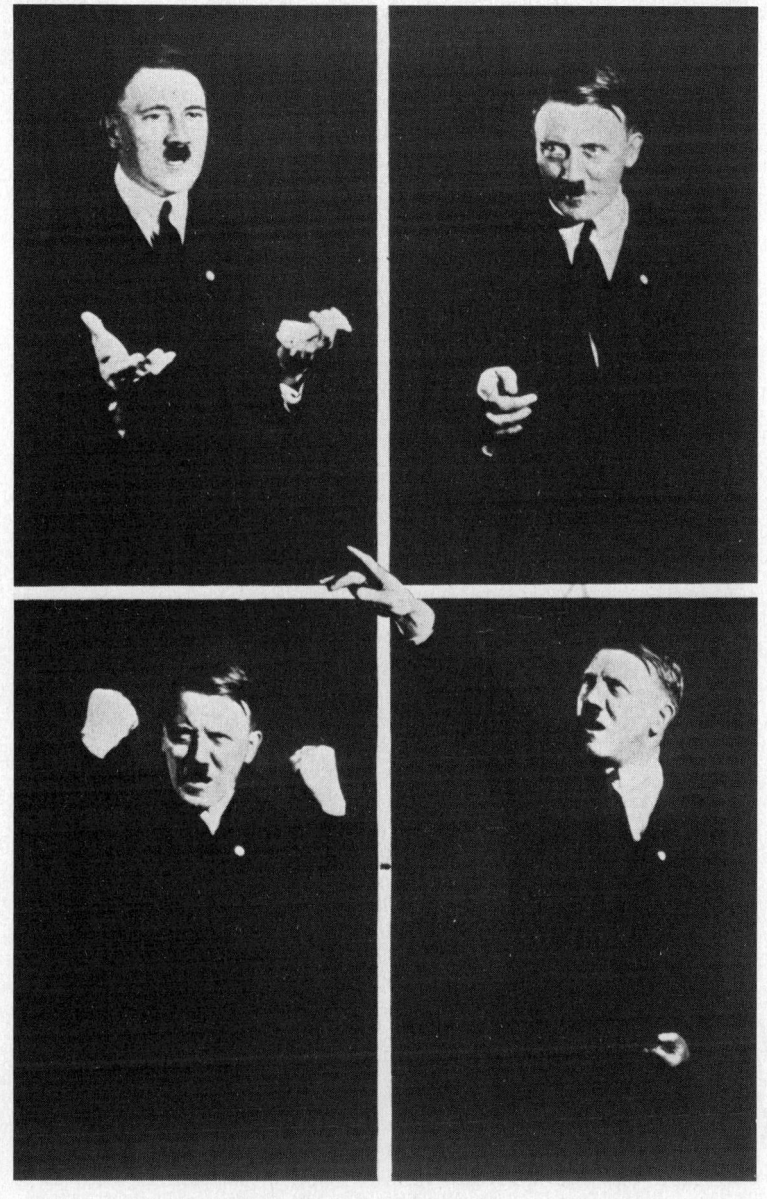

wundervoller Dreiklang zwischen Geste, Mimik und Wort. Der geborene Aufpeitscher! Mit dem Mann kann man die Welt erobern. Laßt ihn los, und er bringt die korrupte Republik ins Wanken.» [102]

Hitler vertraute nicht nur seiner Ausstrahlung, er arbeitete darüber hinaus sorgfältig an seinen handwerklichen Mitteln. Zeitweilig gab ihm ein Opernsänger Sprechunterricht. [103] Vor dem Spiegel wurden Handstellungen und Mienenspiel auf ihre Wirkung erprobt. Er feilte an seinem rednerischen Erscheinungsbild, um so viel wie möglich daran der Selbstkontrolle zu unterwerfen, sogar die Ausbrüche. Damit nicht genug, bemühte er sich, Gesetze kollektiver Willenslenkung anzuwenden. Er hatte bereits bei Schönerer und Lueger die Kunst der Massenverführung und Propaganda kennengelernt, vielleicht auch damals schon das Buch des Franzosen Le Bon, «Die Psychologie der Massen», gelesen. Es erschien 1908 erstmals in deutscher Übersetzung, und viele Auflagen folgten. Hitler zollte überdies der englischen Greuelpropaganda im Ersten Weltkrieg hohen Respekt (Harold Nicolson 1938 vor dem Unterhaus: «Wir haben abscheulich gelogen» [104]). Er habe daraus *unendlich gelernt* [105]. In diesem Kapitel *Kriegspropaganda* wird der Schüler zum Lehrmeister, der das Gelernte, das er Abend für Abend anwendete, hier in der erzwungenen Redepause der Haft zu Regeln zusammenfaßt:

Jede Propaganda hat volkstümlich zu sein und ihr geistiges Niveau einzustellen nach der Aufnahmefähigkeit des Beschränktesten unter denen, an die sie sich zu richten gedenkt. Damit wird ihre rein geistige Höhe um so tiefer zu stellen sein, je größer die zu erfassende Masse der Menschen sein soll ... Die Aufnahmefähigkeit der großen Masse ist nur sehr beschränkt, das Verständnis klein, dafür jedoch die Vergeßlichkeit groß. Aus diesen Tatsachen heraus hat sich jede wirkungsvolle Propaganda auf nur sehr wenige Punkte zu beschränken und diese schlagwortartig so lange zu verwerten, bis auch bestimmt der Letzte unter einem solchen Worte das Gewollte sich vorzustellen vermag. Sowie man diesen Grundsatz opfert und vielseitig werden will, wird man die Wirkung zum Zerflattern bringen, da die Menge den gebotenen Stoff weder zu verdauen noch zu behalten vermag ... Das Volk ist in seiner überwiegenden Mehrheit so feminin veranlagt und eingestellt, daß weniger nüchterne Überlegung, vielmehr gefühlsmäßige Empfindung sein Denken und Handeln bestimmt. Diese Empfindung aber ist nicht kompliziert, sondern sehr einfach und geschlossen. Es gibt hierbei nicht viel Differenzierungen, sondern ein Positiv oder ein Negativ, Liebe oder Haß, Recht oder Unrecht, Wahrheit oder Lüge, niemals aber halb so und halb so ... [106]

Die Gebrauchsanweisungen des Fachmannes für Demagogie waren nicht gerade schmeichelhaft für diejenigen, die ihrer getreuen Anwendung in wachsender Zahl erlagen. So abschätzig dachte der Redner von der Masse, um die er warb ... Aber er war vollkommen sicher, daß die Preisgabe seiner Werkstattgeheimnisse ihm nicht schaden könne, weil er an ein geschichtliches Gesetz glaubte: ... *die größten Umwälzungen auf dieser Welt sind nie durch einen Gänsekiel geleitet worden! ... Die Macht*

... die die großen historischen Lawinen religiöser und politischer Art ins Rollen brachte, war seit urewig nur die Zauberkraft des gesprochenen Wortes. [107]

Die Keimzelle des Dritten Reiches

Im Februar 1920 rief die Partei zur ersten Großveranstaltung im Festsaal des Hofbräuhauses auf. Drexler: «Adolf, nun kommt der Sprung in die Öffentlichkeit.» [108] Als Hauptredner wurde vorsichtshalber noch ein anderer, Bekannterer, angekündigt, der antisemitische Agitator Johannes Dingfelder. Im Verlauf des Abends verlas Hitler das Parteiprogramm der DAP, in 25 Punkten. Wieweit er an der Ausarbeitung beteiligt gewesen war, ist umstritten. Sein Anteil ist eher geringer zu veranschlagen, weil er mehr auf das gesprochene Wort vertraute als auf schriftliche Festlegungen, die ihm als gewiegtem Taktiker hemmend erscheinen konnten.

Die wichtigsten Forderungen des Programms [109]: Zusammenschluß aller Deutschen zu einem Großdeutschland auf Grund des Selbstbestimmungsrechtes der Völker (1); Aufhebung der Friedensverträge von Versailles und St. Germain (2); «Staatsbürger kann nur sein, wer Volksgenosse ist. Volksgenosse kann nur sein, wer deutschen Blutes ist, ohne Rücksichtnahme auf Konfession. Kein Jude kann daher Volksgenosse sein.» (4); Fremdengesetzgebung für Nichtstaatsbürger (5); sie dürfen keine öffentlichen Ämter bekleiden (6) und sind im Falle unzureichender Ernährung für das Gesamtvolk auszuweisen (7); Einziehung aller Kriegsgewinne (12); Gewinnbeteiligung an Großbetrieben (14); Bildung eines Volksheeres (22); «Schaffung einer deutschen Presse», in der «sämtliche Schriftleiter und Mitarbeiter ... Volksgenossen sein müssen» (23); Schaffung einer starken Zentralgewalt (25).

Wenige Tage nachdem die DAP sich diese Leitsätze gegeben hatte, setzte sie ihrem Namen das Wort «nationalsozialistisch» voran, entsprechend der sozialen Einfärbung dieser zunächst und hervorstechend nationalistischen Parteigrundsätze. Das vorangestellte Attribut änderte nicht, verstärkte vielmehr die Tendenz, die schon in der Verbindung von «Deutsch» und «Arbeiter» lag: das Bemühen, Sozialismus und nationalen Gedanken zu versöhnen. Die Idee war zeitgemäß, seit die Arbeiter ihre verschiedenen Vaterländer im Schützengraben verteidigt hatten, der Patriotismus stärker gewesen war als die internationale Solidargemeinschaft des Proletariats.

Dennoch gewann die NSDAP die sozialdemokratischen Arbeiter kaum. Die NS-Agitation unterschied ja, blind, wie sie war, nicht zwischen den Marxisten beider Lager. Die Sozialdemokraten – das waren eben die «Novemberverbrecher», die das deutsche Heer erdolcht und dann noch den «Schandvertrag» von Versailles unterschrieben hatten. Der Staat von Weimar – das war das verhaßte «System». Hingegen gelangen in der großen Wirtschaftskrise Einbrüche in die Arbeiterschaft dort, wo sie nicht

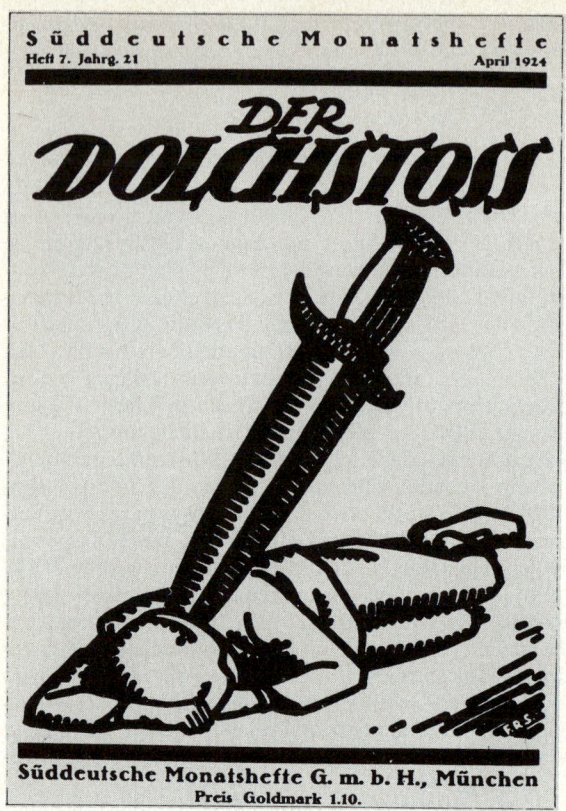

Süddeutsche Monatshefte
Heft 7. Jahrg. 21   April 1924

DER DOLCHSTOSS

Süddeutsche Monatshefte G. m. b. H., München
Preis Goldmark 1.10.

marxistisch oder nicht organisiert war. 1930 bestand die NSDAP zu einem
guten Viertel aus der Berufsgruppe «Arbeiter», 1933 zu einem knappen
Drittel, als nunmehr größte Einzelgruppe! Durch Arbeit und Brot gewann Hitler von da an auch viele Sozialdemokraten.

Den Vorsitz in der Partei führte seit Anfang 1920, zur Zeit der Ausarbeitung und Verkündung der 25 Punkte, Anton Drexler. Hitler hatte im
ersten innerparteilichen Machtkampf Karl Harrer von der Spitze verdrängt, um die DAP aus der Abhängigkeit von der Thule-Gesellschaft zu
lösen. Seine eigene Begründung: das Vertrauen der Ausschußmitglieder
zueinander *schließt jede Form einer Bevormundung einer Über- oder Ne-
benregierung, sei es als Zirkel, oder Loge ein für allemal aus*[110]. Mit dem
frühzeitigen Widerstand gegen jede Gängelei durch unkontrollierbare
Hintermänner erwies sich bereits der Machtmensch von Geblüt. Noch
ließ er aber den drittrangigen Drexler repräsentieren und begnügte sich

damit, auf dem viel wichtigeren Propagandaposten die Trommel zu rühren, worin ihm der junge Hermann Esser eifrig zur Seite stand.

Der rechtsradikale Kapp-Putsch im März 1920 ließ Hitler zum erstenmal über München hinaus politisch tätig werden. Zusammen mit dem völkischen Dichter Dietrich Eckart, seinem wichtigsten Förderer in diesen Jahren, flog er nach Berlin, um mit den Umstürzlern Verbindung aufzunehmen. An dem Tag (17. März) war aber der dilettantische Staatsstreich gerade an der entschlossenen Gegenwehr der Arbeiterschaft gescheitert. Der Machtumschwung, der in Berlin mißlang, vollzog sich statt dessen in München. Hier erzwang die Reichswehr, in der der Hauptmann Röhm wachsenden Einfluß gewann, einen Regierungswechsel. Eine rechtsbürgerliche Regierung unter Gustav Ritter von Kahr verdrängte das Kabinett des Ministerpräsidenten Johannes Hoffmann (SPD). Von jetzt an näherten sich die «offizielle» Landespolitik und das Bestreben all der völkischen Gruppen und Vereine einschließlich der NSDAP einander stärker an; die Völkischen gewannen Freiraum.

Immer häufiger hörten die Münchner 1920 den Namen Adolf Hitler, aber nicht nur sie. Im April entstand in Rosenheim die erste Ortsgruppe außerhalb Münchens. In Hitlers Themenkatalog standen die Bekämpfung des Versailler Vertrags und des «internationalen Judentums» immer obenan. Der Antisemitismus war der Humusboden, mit dem er seine Anklagen zur Tagespolitik düngte. Die Juden waren an allem Unglück schuld: *Die Macher am Weltkrieg – Die Macher der deutschen Niederlage – Die Macher der Revolution – Die Macher des Waffenstillstandes – Die Macher des Friedensvertrages*[111]: fixiert auf dieses Feindbild erblickte er Juden, Juden, Juden hinter jedem Übel der Welt.

Der besessene Volksaufwiegler, der nun schon Säle zu füllen verstand, glich innerhalb seiner Partei einem Kuckucksei, mit dem die Ziehväter nicht mehr zurechtkamen. Irgendwann mußte die Machtfrage sich zum zweitenmal und nun endgültig stellen; nicht mehr lange konnte Hitler jemanden über sich ertragen, und sei es nur formal. Wenn Drexler zwar zugestand, «daß jede revolutionäre Bewegung einen diktatorischen Kopf haben muß», ohne daß er aber selber «in den Hintergrund zu schieben wäre»[112], so wollte er damit die Quadratur des Kreises lösen. Die schwelende Kontroverse brach im Juli 1921 offen aus, als Hitler demonstrativ aus der Partei austrat, weil sie gegen seine Überzeugungen über einen Anschluß an eine völkische Gesamtpartei in Deutschland, Österreich und der Tschechoslowakei verhandelt hatte. Den Wiedereintritt machte er von der Erfüllung mehrerer Forderungen abhängig, darunter:

Der derzeitige Ausschuß der Partei legt seine Ämter nieder, bei der Neuwahl desselben fordere ich den Posten des 1. Vorsitzenden mit diktatorischer Machtbefugnis ... Für die Partei kann es niemals einen Zusammenschluß mit denjenigen geben, die mit uns in Verbindung treten wollen, sondern nur deren Anschluß ...[113] So sprach einer, der wußte, daß er an der nationalen Börse in München inzwischen zu ansehnlichem Kurs gehandelt wurde, und der der Partei unentbehrlich geworden war, wollte sie nicht in die Bedeutungslosigkeit zurückfallen. Im kleinen praktizierte er, was er vor fünfzehn Monaten im großen gefordert hatte: *Wir brauchen einen Diktator ...*[114] Die Parteispitze kapitulierte bedingungslos. In einem unterwürfigen Schreiben hieß es: «Der Ausschuß ist bereit, in Anerkennung Ihres ungeheuren Wissens, Ihrer, mit seltener Aufopferung und nur ehrenamtlich geleisteten Verdienste für das Gedeihen der Bewegung, Ihrer seltenen Rednergabe, Ihnen diktatorische Machtbefugnisse einzuräumen und begrüßt es auf das freudigste, wenn Sie nach Ihrem Wiedereintritt die ... Stelle des ersten Vorsitzenden übernehmen.»[115]

Hitler schob Drexler auf das Abstellgleis des Ehrenvorsitzenden und hatte die Partei in der Hand. 22 Monate nach dem ersten Besuch bei der DAP besaß er eine Position wie kein anderer Parteichef in Deutschland, obwohl die Mitgliederzahl sich neben den Großen noch nicht sehen lassen konnte.

Die Palastrevolution führte nicht nur dazu, daß die Partei nach ihrer Unterwerfung einen Alleinherrscher bekam; systematisch wurde nun ein Führerkult getrieben. Als erster feierte Dietrich Eckart seinen Protégé am 4. August 1921 in der parteieigenen Zeitung «Völkischer Beobachter» als «Führer». Wie in ahnender Vorschau auf den kommenden Mann hatte er 1919, als er Hitler noch nicht kannte, seine Vorstellung vom nationalen Retter entworfen: «... eines Kerls, der ein Maschinengewehr hören kann ... Am besten wäre ein Arbeiter, der das Maul auf dem rechten Fleck hat ... Es muß ein Junggeselle sein! Dann kriegen wir die Weiber!»[116] Zwei von drei Wunscheigenschaften stimmten mit den Tatsachen überein. Bei der dritten half der Retter bald retuschierend nach ...

Ein Jahr nach der Errichtung der innerparteilichen Diktatur stattete Rudolf Heß ein Hitler-Porträt mit erlöserhaften Zügen aus. «... der Glaube an die Reinheit der eigenen Sache und an den endlichen Sieg, eine unbändige Willenskraft geben ihm die Macht der hinreißenden Rede, die die Massen ihm zujubeln läßt ... Er selbst hat mit der Masse nichts gemein, ist ganz Persönlichkeit wie jeder Große. Wenn die Not es gebietet, scheut er auch nicht davor zurück, Blut zu vergießen. Große Fragen werden immer durch Blut und Eisen entschieden ... Er hat einzig und allein vor Augen, sein Ziel zu erreichen, stampft er auch dabei über seine nächsten Freunde hinweg ... Noch wissen wir nicht, wann er rettend eingreift, der ‹Mann›. Aber daß er kommt, fühlen Millionen.»[117]

Das Sendungsbewußtsein ebenso wie die Kriterien des Machtwillens «an sich», sui generis, sind hier vom Gefolgsmann Heß einfühlsam hineingesehen. Etwas anderes kommt hinzu. Wenn Eckart und Heß solche Visionen pflegten, wenn Hermann Esser nach Mussolinis Marsch auf Rom 1922 von Hitler als von «Deutschlands Mussolini» sprach[118], wenn Hermann Göring am 20. April 1923 öffentlich die Überzeugung «sehr vieler Hunderttausender» wiedergab, «daß Adolf Hitler der einzige Mann sei, der Deutschland wieder hochbringen könne»[119] – dann dringt aus alldem die Sehnsucht der nationalen Rechten nach einem neuen Herrscher im

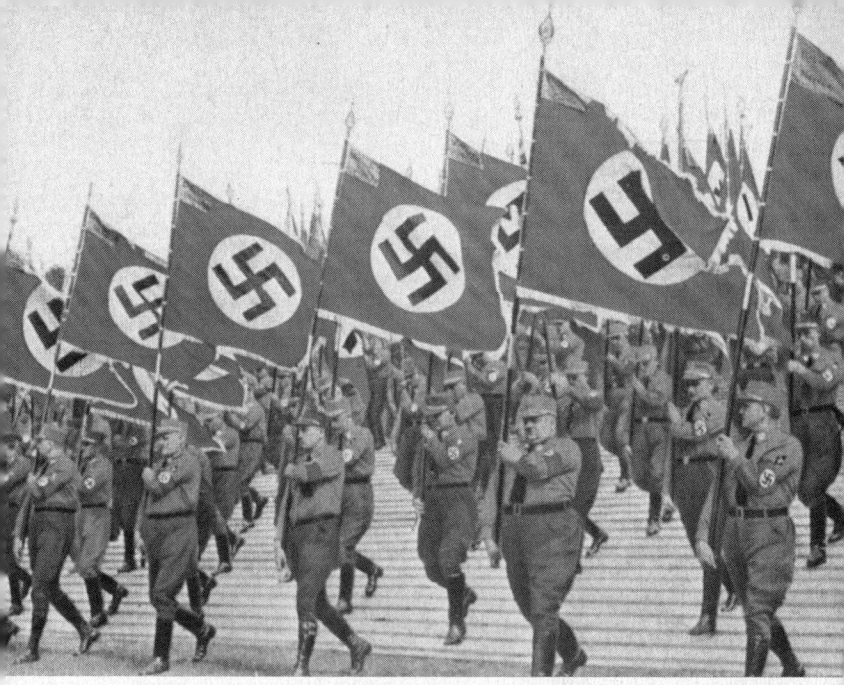

SA-Formation auf dem Nürnberger Parteitag 1933

kaiserlosen Deutschland. Hier wird im Ursachenbündel der «Ermögli-
chung» Hitlers ein wesentlicher Grund frühzeitig erkennbar.

Wer sich dazu versteht, in den Münchner Jahren von 1919 bis 1923 die
Keimzelle des Dritten Reiches zu sehen, wird das Jahr 1933 inhaltlich
nicht als so absoluten Einschnitt anerkennen, wie es die Darstellungen,
die dort erst einsetzen, notwendig tun müssen. Das Jahr 1933 vervollstän-
digte nur, was längst eingeübt war, seit das sonnenlose Bierstubenge-
wächs DAP die öffentlichkeitssüchtige Bewegung NSDAP aus sich ge-
zeugt hatte: mit Führerprinzip und Personenkult, mit monomanischen
Redebeschwörungen auf niedrigstem Schlagwort-Niveau, mit Propagan-
dawirbel und unablässigen Schaueffekten unter nationaler Fahnen- und
Hakenkreuz-Symbolik, mit einem aggressiven Wertekatalog und einer
braununiformierten, paramilitärischen Schutz- und Schlägertruppe. Auf
diesem Manöverfeld und mit diesen Waffen wurde der NS-Staat geprobt,
bis er für die Weltbühne reif war.

Die Urheberschaft an der Hakenkreuzfahne ist strittig. Hitler beanspruchte sie in der endgültigen Form für sich; vielleicht beschränkte sich
sein Anteil auch nur darauf, die Komposition anderer als geeignet anerkannt und durchgesetzt zu haben. Das Ineinander des uralten, weltver-
breiteten Magie- und Heilszeichens und der Farben Schwarz-Weiß-Rot
deutet er so:

Nicht nur, daß durch die einzigen, von uns allen heißgeliebten Farben, die einst dem deutschen Volke so viel Ehre errungen hatten, unsere Ehrfurcht vor der Vergangenheit bezeugt wird, sie (die Symbolik) *war auch die beste Verkörperung des Wollens der Bewegung. Als nationale Sozialisten sehen wir in unserer Flagge unser Programm. Im R o t sehen wir den sozialen Gedanken der Bewegung, im W e i ß den nationalistischen, im H a k e n k r e u z die Mission des Kampfes für den Sieg des arischen Menschen . . .*[120]

Die SA trug ihren Namen nicht vom ersten Tag. Der Gründungsaufruf vom 3. August 1921 spricht von einer *Turn- und Sportabteilung*, die als *Sturmbock* der Bewegung die *Aufklärungsarbeit* schützen sollte.[121] Die Turn- und Sportbetätigung fand Ausdruck in handgreiflichem Saalschutz. Entlassene Soldaten aus dem Heer oder den Freikorps, die sich nicht wieder in ein bürgerliches Leben eingewöhnen konnten, sowie junge Männer, die ganz einfach Krawalle liebten und Kommunisten haßten, sie sammelten sich in der NSDAP-Schutztruppe. Auch die politischen Gegner waren aggressiv, und geringfügige Reizanlässe der einen oder anderen Seite konnten sich in Saalschlachten entladen; so zum erstenmal am 4. November 1921. Hitler hatte Warnungen erhalten und bereitete seine Leute in einer kurzen Ansprache auf den rot-braunen Zusammenprall vor:

Ihr werdet heute zum ersten Male auf Biegen oder Brechen der Bewegung Treue halten müssen. Keiner verläßt von uns den Saal, außer sie tragen uns als Tote hinaus. Wer feige zurückweicht, dem reiße ich persönlich die Armbinde herunter und nehme ihm das Abzeichen.[122]

Später schrieb er über das dann Folgende: *. . . In wenigen Sekunden war der ganze Raum erfüllt von einer brüllenden und schreienden Menschenmenge, über die, Haubitzenschüssen ähnlich, unzählige Maßkrüge flogen; dazwischen das Krachen von Stuhlbeinen, das Zerplatzen der Krüge, Gröhlen und Johlen und Aufschreien . . . Ich blieb auf meinem Platz stehen und konnte beobachten, wie restlos meine Jungens ihre Pflicht erfüllten . . . Wie Wölfe stürzten sie in Rudeln von acht oder zehn immer wieder auf ihre Gegner los und begannen sie nach und nach tatsächlich aus dem Saale zu dreschen . . .*[123] Von der *Feuertaufe*[124] sprach Hitler einige Tage darauf; die NS-Saalschützer hießen von nun an «Sturmabteilung» (SA). Weniger heroisch betrachtete Erich Kästner das Treiben der uniformierten Grobiane in seinem Gedicht «Die Tretmühle»:

Geh vor den Spiegel! Freu dich an den Farben,
die man dir kunstvoll in die Rippen schlug!

Die Machtergreifung mißglückt

Der Chef der Rabaukengarde, der sich gleichwohl oder eben deshalb gern neben Honoratioren sehen ließ, der nach Saalschlachten in großbürgerlichen Häusern einkehrte und im Flur Revolver und Hundepeitsche

Hitler mit Hundepeitsche

ablegte, als komme er gerade aus dem wilden Westen; der anschließend reifen Gönnerinnen mit österreichischem Charme die Hand küßte, in Selbstdarstellung und Habitus also halb Mafia-Boss und halb Old Shatterhand: Hitler stellte sich die Machtergreifung damals nur als revolutionären Gewaltakt vor, denn: *Parlamente werden dem deutschen Volk nicht helfen. Ein Weg zur Änderung unserer Lage ist nur dann möglich, wenn wir bedenken, daß die jüdische Revolution von 1918 von einer entschlossenen kleinen Gruppe gemacht wurde, die dann als Stoßtruppe die breite lethargische Mehrheit mit sich fortriß. Das ist der Gang noch einer jeden Umwälzung gewesen.*[125] Er dachte daher auch gar nicht daran, mit seiner NSDAP, die mittlerweile als Unruhestifter im übrigen Reich zunehmend unliebsam auffiel und wegen ihrer Hetze 1922 in vielen Gliedstaaten verboten wurde [126], für den Bayerischen Landtag zu kandidieren.

In der Annahme, nur über einen Umsturz, einen verbesserten Kapp-Putsch, könne Deutschland national gesunden, bestärkte ihn die hochverräterische bayerische Landespolitik im Herbst 1923. Sie exerzierte ihm die Anwendung gesetzwidriger Mittel vor. Anlaß des Konflikts München–Berlin war ein wütender Angriff des «Völkischen Beobachters» gegen den Chef der Heeresleitung, General von Seeckt. Das in Berlin verfügte Verbot des Blattes wurde in München ignoriert, die Reichswehreinheiten in Bayern wurden regelrecht auf die dortige Exekutive verpflichtet. Darin lag eine offene Herausforderung der Zentralmacht und eine Bedrohung der Reichseinheit.

Als großpolitisches Hintergrundereignis und tiefere Konfliktursache wirkte hinein, daß die Regierung Stresemann den passiven Widerstand gegen die französische Besetzung des Ruhrgebiets wegen seiner wirtschaftlich ruinösen Auswirkungen aufgegeben hatte und über die bittere Unterwerfung hinweg den Weg der Verständigung zu gehen trachtete. Die gesamte nationale Rechte schäumte über die vaterländische Schmach, doch richtete der Zorn sich weniger gegen die kompromißlose Demütigungsstrategie des französischen Ministerpräsidenten Poincaré als vielmehr gegen die deutsche Regierung, die nachgegeben hatte. (Thomas Mann an seinen Bruder Heinrich: «Unsere Franzosen ... scheinen es sich in den Kopf gesetzt zu haben, jedem das Konzept zu verderben, der in Deutschland zum Guten redet.» [127])

In Bayern verdichteten sich die Anzeichen eines beabsichtigten «Marsches auf Berlin» nach dem Vorbild Mussolinis in Italien vor einem Jahr. Der diktatorisch bevollmächtigte «Generalstaatskommissar» von Kahr, der bayerische Wehrkreiskommandeur General von Lossow und der Polizeichef Oberst von Seißer bildeten ein Verschwörer-Trio, dessen Pläne für eine Rechtsdiktatur im Reich, mindestens für eine Loslösung Bayerns, nachträglich bezeugt sind.

In dieser fiebernden Herbststimmung 1923 schwankt Hitler zwischen dem Wunsch, die bayerischen Nationalisten zum Losschlagen zu drängen, und der Furcht, von ihnen überspielt zu werden und zu spät zu kommen. Da nutzt er die Chance, daß Kahr zum fünften Jahrestag der Revolution von 1918 im «Bürgerbräukeller» eine programmatische Rede hält. Es ist der Abend des 8. November. Der Redner verliest ein umfangreiches Manuskript zum Thema «Vom Volk zur Nation» und eröffnet der dichtgedrängten Versammlung gerade, er komme nun zum eigentlichen Thema seiner Darlegungen. Das eigentliche Thema bleibt den Hörern vorenthalten. Denn in diesem Augenblick – es ist wie in einem reißerischen Film – fliegen die Saaltüren auf, Bewaffnete mit Stahlhelmen strömen herein. Hitler, im Gehrock, mit dem Eisernen Kreuz, feuert in die Decke, springt auf einen Stuhl und ruft in die verstörte Menge: *Die nationale Revolution ist ausgebrochen ... Die bayerische Regierung ist abgesetzt, eine provisorische Reichsregierung wird gebildet.* [128] Der Saal sei von Bewaffneten umstellt. Dann nötigt er das überrumpelte Triumvirat Kahr, Lossow, Seißer vom Podium in einen Nebenraum und verlangt von den dreien: *Sie müssen mit mir kämpfen, mit mir siegen oder mit mir sterben. Wenn die Sache schief geht, vier Schüsse habe ich in der Pistole, drei für meine Mitarbeiter, wenn sie mich verlassen, die letzte Kugel für mich.* [129] In Stichworten umreißt er seine Pläne: *Reichsregierung Hitler, nationale Armee Ludendorff.* Kahr solle *Landesverweser* in Bayern werden, *Lossow Reichswehrminister, Seißer Polizeiminister* [130]. Lossow fragt: «Wie steht Ludendorff zur Sache?» Der Regisseur der vaterländischen Groteske antwortet: *Ludendorff ist bereitgestellt und wird gleich geholt werden.* [131] Der Schlachtenlenker war nicht eingeweiht und erfährt erst jetzt, da man ihn wie ein unentbehrliches Bühnenrequisit herbeikarrt, von der ihm zugedachten Aufgabe. Ohne seine Verärgerung zu unterdrücken, erklärt er sich dennoch bereit und bringt auch die anderen drei mit seiner Autorität dazu, in den Plan einzustimmen. Wieweit deren Zusage ehrlich gemeint ist oder schon mit innerem Vorbehalt, hat sich nie zweifelsfrei klären lassen. Das Publikum jedenfalls sieht die vier Männer, jetzt begleitet von Ludendorff, einvernehmlich auf die Festsaalbühne zurückkehren, nachdem die Szene anfänglich noch stark an den Hauptmann von Köpenick erinnert hatte. Die Stimmung in der Menge ist unterdessen von Abwehr in Zuspruch umgeschlagen, durch Einwirken erst des SA-Führers Hermann Göring, dann durch kurzes Erscheinen Hitlers, der sie mit wenigen Sätzen «umgedreht [hatte] wie einen Handschuh» [132]. Hitler, «leuchtend vor Freude» [133], verkündet: ... *ich will jetzt in den kommenden Wochen und Monaten das erfüllen, was ich mir heute an dem Tage vor fünf Jahren, als ich als blinder Krüppel im Lazarett lag, gelobte: nicht zu ruhen und nicht zu rasten, bis die Verbrecher des November 1918 zu Boden geworfen sind.* [134] Der Bericht darüber, offenbar von sympathisierender Seite, vermerkt an dieser Stelle: «stürmische Heilrufe» [135]. Auch die anderen finden aus dem Stegreif Worte, und das gegenseitige Händeschütteln erscheint manchen Beobachtern weniger gespielt, als Kahr und seine beiden separatistischen Gehilfen hernach glauben machen wollen.

Spätestens aber, als Hitler sie gutgläubig in die Novembernacht hat tauchen lassen, als sie aus Bierdunst, Zwang und Suggestion befreit sind, kommen sie zur Besinnung und kündigen den Bürgerbräupakt – vielleicht auch deshalb, weil General von Seeckt während des augenblicklichen Ausnahmezustandes im Reich die vollziehende Gewalt innehat und sie seinen Ausspruch kennen, er sei in Deutschland der einzige, der putschen könne, aber er werde nicht putschen.

Für Stunden wähnt Hitler sich am Ziel. Während er Plakate drucken läßt, wonach «Die Regierung der Novemberverbrecher ... für abgesetzt erklärt worden» sei, und der «Völkische Beobachter» mit der Schlagzeile, «Proklamation einer deutschen Nationalregierung in München – Hitler und Ludendorff übernehmen die völkische Diktatur», durch die Rotationsmaschinen jagt, steuert die Staatsmacht bereits Gegenkurs. Über Funk ruft sie die Reichswehr aus der Provinz herbei; die Stellungnahme

Proklamation

an das deutsche Volk!

Die Regierung der November=
verbrecher in Berlin ist heute
für abgesetzt erklärt worden.

Eine provisorische deutsche
National-Regierung
ist gebildet worden.

Diese besteht aus

General Ludendorff, Adolf Hitler
General von Lossow, Oberst von Seisser

im Bürgerbräu sei erpreßt und daher ungültig. Moderne Rebellen, so muß Hitler am Morgen des 9. November erfahren, kämpfen außer gegen sichtbare Feinde gegen einen unsichtbaren: die überlegenen Verständigungshilfen der Herrschaftsgewalt. Wie er schon deswegen den kürzeren zieht, so werden 21 Jahre danach die Männer des deutschen Widerstandes vornehmlich durch das verborgene Kommunikationssystem des diesmal Mächtigen, Hitler, verunglücken. Noch aber sieht er den Triumph greifbar nahe und überträgt in der Nacht die Parteiorganisation und den -vorsitz auf den «Frankenführer» Julius Streicher, um selber *den großen Aufgaben gewachsen zu sein, das Land vor dem Untergang zu bewahren*[136]. Eines von mehreren Schriftstücken dieser Art ist unterzeichnet *Die Nationalregierung: gez. Adolf Hitler*[137].

Als der Führer der NSDAP sich in dieser «Groteske von den betrogenen Betrügern» (Theodor Heuss[138]) hinters Licht geführt sieht – dafür wird er Kahr 1934 in der Röhm-Affäre ermorden lassen –, will er mit einem Demonstrationszug, einer Art Volksvotum, doch noch den Erfolg erzwingen. Immerhin kann er darauf vertrauen, daß ein Staatsstreich nicht unpopulär ist angesichts der «Währungskatastrophe … die das Volk in diesen Stunden zur letzten Verzweiflung bringt», wie es in der «Proklamation an das deutsche Volk» heißt, die der «VB» am 9. November abdruckt. Zur Illustration steht in der Kopfzeile als Preis für das Einzelexemplar: 8 Milliarden Mark, auswärts 10 Milliarden. Der Berliner «Vorwärts» vom selben Tag kostet sogar 15 Milliarden. Die Inflation hat ihren Höhepunkt erreicht. In wenigen Tagen wird die Regierung Stresemann dem Irrwitz, dem «Billionenspuk»[139], ein Ende machen.

Wenn das Plebiszit auf der Straße vielleicht Beifall verspricht, werden dann aber auch Polizei und Reichswehr stillhalten?

Mit dieser bangen Frage formieren sich die Demonstranten am Mittag des trüben, naßkalten 9. November zu einem Marsch in die Innenstadt: voran zwei Fahnenträger, dahinter die Prominenz, Hitler, Ludendorff, Göring mit ihren Begleitern, dann eine Kolonne in Achterreihen, zum Teil untergehakt. An der Ludwigsbrücke schieben sie eine Postenkette beiseite, erreichen die Residenzstraße, dann die Feldherrnhalle, wo ein

Hitler mit Ludendorff. Das Foto ist eine Fälschung der Nazis in den zwanziger Jahren: Die übrigen Personen auf dem Bild wurden wegretuschiert, um den Parteiführer mit dem damals berühmten General in propagandawirksamer Gemeinschaft zu zeigen

zweiter Kordon absperrt. Es kommt zum Handgemenge, und es fällt ein
Schuß – nie geklärt, von welcher Seite. Er löst ein Feuergefecht aus, kurz
und heftig. Hitler wird von seinem getroffenen Nebenmann zu Boden
gerissen, Göring schwer verwundet. Ludendorff marschiert mit steiner-
nem Gesicht auf die Gewehre zu, als wolle er zum zweitenmal die Festung
Lüttich zur Übergabe zwingen wie 1914. Siebzehn Tote liegen auf dem
Pflaster, darunter drei Polizisten. Zwei Hitler-Anhänger sterben an anderer Stelle, indes die Demonstranten schon in alle Winde flüchten. Auch
Hitler, mit ausgekugeltem Arm, flieht, besser: läßt sich von einem Sani-
tätsauto der SA davonfahren. Hat er, «der ein Maschinengewehr hören
kann», die Nerven verloren, oder ist es etwas anderes? Er hätte jetzt «ein
letztes Pronunciamento hinausschmettern und den von ihm so um-
schwärmten Rienzitod erleiden» können (Gisevius [140]), aber sein Überle-
bensinstinkt ist stärker. Lieber kein «Wagnerscher Abgesang» – «Adolf
Hitler flieht in seine Zukunft» [141].

Nach der Verhaftung wartete er in der Festung Landsberg auf seinen
Prozeß wegen Hochverrats. Das Verfahren im Februar und März 1924 vor
dem Volksgericht in München glich einer Justizposse, bei der Hitler und
die Seinen auffallende Schonung genossen. Landgerichtsdirektor Neit-
hardt erlaubte den «Herren Angeklagten» Propagandareden bis zu Stunden, ließ Verunglimpfungen des Reichspräsidenten und der Reichsregierung zu («Ebert Fritze» – «Pseudoobrigkeiten» – «Afterregierungen» [142]),
nahm hin, daß Staatsanwalt Stenglein den Saal verließ, «weil er keinen
Schutz gegen persönliche Beleidigungen fand» [143], wurde aber von diesem
auch nicht wegen Befangenheit abgelehnt; der angesehenste unter den
Angeklagten, General Ludendorff, fuhr regelmäßig in einer Luxuslimou-
sine vor, und einem Beisitzer entschlüpfte vernehmlich das Wort: «Doch
ein kolossaler Kerl, dieser Hitler.» [144]

In dieser Atmosphäre konnte Hitler sich schnell von der Katastrophe
erholen und die Selbstsicherheit zurückgewinnen; um so mehr, als er die
morsche Stelle im Gebäude der Anklage erkannte: Die Hochverrats-
Sympathisanten aus der Obrigkeit erschienen nicht als Mitangeklagte,
sondern als Zeugen vor Gericht. Unter Hitlers bohrenden Fragen wand
Kahr sich wie ein Wurm: «Diese Frage habe ich nicht zu beantworten –
Das kann ich nicht sagen – Ich kann mich nicht mehr so genau erinnern –
Das weiß ich nicht.» [145] Darauf gerade wollte der Unterlegene vom
9. November hinaus: Durfte er hart verurteilt werden für eine Straftat,
der die regionalen Machthaber gleichfalls verdächtig waren? Unverse-
hens waren die Rollen vertauscht, war der Angeklagte zum Ankläger geworden. Mit einem langen selbstbewußten Schlußwort verschaffte er sich
noch den Abgang eines Märtyrers: *Mögen Sie tausendmal Ihr «schuldig»
sprechen, diese ewige Göttin des ewigen Gerichts wird lächelnd den Antrag
des Staatsanwalts zerreißen und lächelnd zerreißen das Urteil des Gerichts,
denn die spricht uns frei.* [146]

Das Strafmaß reichte von fünf Jahren Festungshaft für Hitler und drei
Mitangeklagte (Kriebel, Pöhner, Weber) bis zum Freispruch für Luden-

In der Gemeinschaftszelle mit dem Lorbeerkranz

dorff. Eine Ausweisung nach dem Republikschutzgesetz lehnte das Gericht im Falle des Österreichers Hitler mit der Begründung ab, das Gesetz könne auf einen Mann, «der so deutsch denkt und fühlt»[147], nicht angewendet werden.

Rasse und Raum

An der Wand des Gemeinschaftsraumes der Haftanstalt hing ein Lorbeerkranz. Er deutete auf ungebrochene Selbst- und Sendungsgewißheit. Die Briefe, Sinnsprüche und sonstigen Äußerungen während der Landsberger Festungszeit von 1924 bestätigen den Wandschmuck in seinem herausfordernden Symbolcharakter: *... daß euch die Freiheit niemand giebt als euer Schwert ... daß in Hinkunft die schärfsten Kampfmittel angewendet werden müssen, um uns erfolgreich durchzusetzen; Nichts was groß ist auf*

73

dieser Welt, ist dem Menschen geschenkt worden ... der Glaube an unser Deutschland ist unvergänglich; Was endlich doch siegen wird, ist das Feuer der deutschen Jugend; Ich ... werde Zeit meines Lebens kein anderes Ziel verfolgen, als der Wiedererhebung und Größe meines Volkes zu dienen. [148]

Währenddessen ging es in der verbotenen NSDAP bzw. ihren Tarnablegern chaotisch zu. Die Bewegung war führungslos, da ihr Führer bewegungslos. Er zog die Folgerung, sich *auf so lange von der ganzen öffentlichen Politik zurückzuziehen, bis ... die wiedergegebene Freiheit auch die Möglichkeit eines tatsächlichen Führens bietet* [149]. Er untersagte daher allen Anhängern, sich auf ihn zu berufen oder in seinem Namen Erklärungen abzugeben. Der zweite Grund für den Verzicht auf Fernsteuerung des Tageskampfes war, neben ausgiebiger Lektüre, die Arbeit an seinem Buch *Mein Kampf*, die nicht zu sehr gestört werden sollte. Aus der Not der Gefangenschaft machte er die Tugend des programmatischen Bekenntnisses, zog durch die 25 Punkte der NSDAP die Linien seiner Weltanschauung. In Landsberg entstand allerdings nur der erste Band, den er Rudolf Heß in die Maschine diktierte. Der zweite Band entstammt den folgenden Jahren 1925/26. Beide zusammen ergeben erst eine Einheit, denn ihre Bestandteile stehen bruchstückhaft da, abbrechend, neuansetzend, immer wieder von Erlebnisschilderungen durchsetzt. 1928 folgte dann noch das systematischer angelegte «Zweite Buch», von dessen Existenz die Öffentlichkeit zu Hitlers Lebzeiten nichts erfuhr. Die drei Schriften als Ganzes zu kommentieren und in die Geschichte des europäischen Spätnationalismus einzuordnen, erfordert ein eigenes Buch. [150] Hier kann es nur darum gehen, die Selbstzeugnisse hinsichtlich ihrer beiden Leitideologien zu betrachten. Rasse und Raum. An ihnen hat sich die spätere Machtausübung vorrangig orientiert.

Das erste politische Schriftstück in Hitlers Laufbahn, der Brief vom 16. September 1919 [151], und das politische Testament, 36 Stunden vor dem Freitod abgefaßt, fordern beide den unverbrüchlichen Kampf gegen die Juden. Sie gleichen so den Stützpfeilern einer ideologischen Brücke, die sich über die Lebenszeit – und die Abgründe – eines Vierteljahrhunderts spannt. Wer noch im allerletzten Satz seines Vermächtnisses an Volk und Kampfgenossen keinen anderen Auftrag zu vergeben hat, als aufzurufen *zum unbarmherzigen Widerstand gegen den Weltvergifter aller Völker, das internationale Judentum* [152], der muß das Gesagte auch fanatisch geglaubt haben, muß in diesem Sinne ruhigen Gewissens gestorben sein. Keiner könnte, ohne dies, Millionen umbringen lassen und dennoch ruhig schlafen. Das unterscheidet ihn von Shakespeares Richard III., der eines Tages beschloß, «ein Bösewicht zu werden». Im bösen Tun bestand Gemeinsamkeit, nur nicht in den Auffassungen davon. Hitler war überzeugt, im Kampf gegen die Juden eine Menschheitspflicht zu erfüllen, ja, er vermaß sich, selbst Gott als Verbündeten hinzustellen: *Indem ich mich des Juden erwehre, kämpfe ich für das Werk des Herrn.* [153] Absonderlich schleicht sich hier der traditionelle religiöse Antisemitismus, den der getaufte Katholik von der Kirche seiner Jugend kannte, in den neueren rassischen

Antisemitismus hinein, den er in der Gefolgschaft von biologistischen Denkern wie Gobineau und Houston Stewart Chamberlain für den allein maßgeblichen hielt; denn das Judentum sei ja doch *unbedingt Rasse und nicht Religionsgemeinschaft*[154].

Daß die Juden *unbedingt Rasse* seien, liegt an Hitlers Grundanschauung: Er sah außer Rassen fast nichts auf der Welt. Mit der gleichen denkerischen Zwangsgewalt, mit der Karl Marx die Tausendvielfalt der Wirklichkeit ins Prokrustesbett der Klassenkämpfe gepreßt hatte, schrieb dieser – vorerst allein geistige – Gewalttäter: *Alles weltgeschichtliche Geschehen ... ist nur die Äußerung des Selbsterhaltungstriebes der Rassen.*[155] Mit der begrifflichen Unbekümmertheit des Autodidakten setzt er für «Rassen» auch «Völker». Gleichviel, sie sind die Träger des Weltverlaufs, ihre Auseinandersetzungen treiben und stoßen die Geschichte voran, niemand und nichts anderes, kein Sittlichkeitsimpuls, kein Missionierungseifer, keine Entdeckerfreude, keine Wirtschaftsnot, einzig: *Selbsterhaltungstrieb.* Wie er *für jede Kreatur auf dieser Erde ... die elementarste Gewalt* darstellt, so sind sie *Lebensgesetze für die Völker untereinander ähnliche ...*[156]

Hier wird die Biologie auf die Gesellschaft übertragen, als unterscheide sich der homo sapiens trotz seiner erworbenen Sonderausstattung mit Vernunft und Gewissen nach wie vor in nichts von der Natur.

Hitler-Postkarte aus Landsberg

Wenn Völker und Rassen also dergestalt um Erhaltung kämpfen, dann ist die *Politik* das Instrument dafür: *die Führerin des Lebenskampfes*[157]. Darin übt sie eine doppelte Funktion. Wie Hitler auf kreatürlicher Ebene zwischen *Befriedigung der Liebe* und *Stillung des ewigen Hungers* unterscheidet, zwischen *Forterhaltung* und *Selbsterhaltung*[158], so überträgt er den zweifachen Naturtrieb auf die Politik. «Forterhaltung» – das heißt dann dort, mit wechselnden Ausdrücken, *gleichmäßige Wesensart, Auswahl, rassische Reinheit, Höherzüchtung*[159] usw.; «Selbsterhaltung» – das heißt dann dort: Lebensraum. Das erste entspricht der Innenpolitik, das zweite der Außenpolitik.

Nur solche Völker oder Rassen können, diesem Weltbild zufolge, bestehen, in denen *die Bedeutung des Blutwertes ... erkannt, gebührend geschätzt und gewürdigt wird. Anders sind Blutvermischung und Rassensenkung ... die Folgen ... Dann kann der Jude in jeder Form seinen Einzug halten, und dieser Meister der internationalen Giftmischerei und Rassenverderbnis wird dann nicht eher ruhen, als bis er ein solches Volk restlos entwurzelt und damit verdorben hat. Das Ende ist dann der Verlust eines bestimmten einheitlichen Rassenwertes und damit der endgültige Verfall.*[160]

Schon in *Mein Kampf*, also einige Jahre vor diesen Ausführungen im «Zweiten Buch», hatte der wahnhafte Ideologe den kulturschöpfenden und blutreinen «Arier» dem kulturzersetzenden und blutsaugenden Juden gegenübergestellt; in den Reden geschah das gleiche. Wir sollten bei seiner rassischen Verunreinigungsangst die unbewußte Abwehr aus eigener, nichtgesicherter Herkunft als Verständnishilfe im Blick behalten.[161] Und es liegt ebensowenig fern, in den Tiefenschichten des rassischen Denkens seit dem 19. Jahrhundert, im Arierkult, einen konkurrierenden Erwähltheitsanspruch zum «auserwählten Volk» der Bibel aufzuspüren.

Einen Unterwanderungs- und Zersetzungswillen der Juden glaubte Hitler daraus herleiten zu können, daß sie keinen Staat besaßen, sich seit nahezu zweitausend Jahren im geschichtlichen Aggregatzustand ewigen Wanderns, Umgetriebenseins, der Heimatsuche befanden. Nicht-Nation, Zerstreuung rührten aber nicht aus Anlage, sondern aus Schicksal. Sie hatten einst ein Land gehabt und haben es wiedergewonnen. Das erste nahm der antisemitische Dogmatiker nicht zur Kenntnis, das zweite erlebte er nicht mehr. Überlassen wir ihn seinen Irrtümern: *Das jüdische Volk kann mangels eigener produktiver Fähigkeiten einen Staatsbau räumlich empfundener Art nicht durchführen, sondern braucht als Unterlage seiner eigenen Existenz die Arbeit und schöpferischen Tätigkeiten anderer Nationen. Die Existenz des Juden selbst wird damit zu einer parasitären innerhalb des Lebens anderer Völker. Das letzte Ziel des jüdischen Lebenskampfes ist dabei die Versklavung produktiv tätiger Völker. Zur Erreichung dieses Zieles ... bedient sich der Jude aller Waffen, die dem Gesamtkomplex seines Wesens entsprechen.*[162]

Diese Waffen findet Hitler allesamt in der verachteten außervölkischen Gegenwart: Demokratie, Parlamentarismus, Pazifismus, Marxismus. Sie

In der Festung Landsberg

sind für ihn das Zeughaus des Judentums. Er verfehlt auch nicht, das
internationale Kapital (*Finanzjudentum*[163]) dazuzuzählen; überhaupt
verwendet er den Ausdruck Judentum fast zwanghaft mit dem Attribut
international. Sein Kampf gegen die genannten Begriffe bzw. gegen ihre
lebendigen Inhalte ist mit dem Kampf gegen die Juden deckungsgleich.
Deren Abwertung mit Wortanleihen aus der Bakteriologie durchzieht seine Bücher und seine Reden in unentwegten Variationen. Die unappetitli-

chen Bildvergleiche und ihre formelhaft erstarrte Endloswiederholung lassen schon allein von der Lektüre her auf so tiefsitzende Abwehrkomplexe schließen, daß man – ohne Kenntnis der Geschichte – das schlimmste befürchten müßte, wenn dieser Programmatiker auch zum Machthaber werden würde. Zwingend würde er sich dann als Kammerjäger der Nation gegenüber den «Parasiten» verstehen; das wären dann gleichsam die rituellen Waschungen der neuen arischen Religion ... Nur die allgemeine Unterschätzung Hitlers verschuldete, daß hierin wie in anderem die üblichen Übertreibungen parteipolitischen Kampfgeschreis gesehen wurden und nicht tödlicher Ernst.

Nachträglich wurde natürlich sorgsam erkundet, wo schon frühzeitig konkrete Hinweise auf die Art der «Entfernung» der Juden zu finden sind. Im März 1921 schrieb Hitler im «Völkischen Beobachter»: *Man verhindere die jüdische Unterhöhlung unseres Volkes, wenn notwendig durch die Sicherung ihrer Erreger in Konzentrationslagern.*[164] Von der notfalls *blutigen Auseinandersetzung*[165] ist 1922 die Rede. Am häufigsten fand ein Satz in *Mein Kampf* Beachtung, weil darin erstmals die Gedankenverbindung gezogen ist, wie sie tatsächlich Wirklichkeit wurde: *Hätte man zu Kriegsbeginn 1914 und während des Krieges einmal zwölf- oder fünfzehntausend dieser hebräischen Volksverderber so unter Giftgas gehalten, wie Hunderttausende unserer allerbesten deutschen Arbeiter aus allen Schichten und Berufen es im Felde erdulden mußten, dann wäre das Millionenopfer der Front nicht vergeblich gewesen.*[166]

Wir wollen das Zitat nicht überdeuten. Hier schreibt einer, der Giftgas als Kriegswaffe erlitten hatte: ein heimtückisches, aber wechselseitig angewendetes Kampfinstrument. Der Zorn des Mitbetroffenen auf die vermeintlichen Urheber mußte keine fernplanende Absicht enthalten. Doch die finstere Denkverbindung von Juden und Giftgas steht seit Ende 1926 schwarz auf weiß geschrieben.

Wie die *Innenpolitik* für Hitler *die Kunst* war, *einem Volke den ... notwendigen Machteinsatz in Form seines Rassenwertes und seiner Zahl zu erhalten,* so war *Außenpolitik ... die Kunst, einem Volke den jeweils notwendigen Lebensraum in Größe und Güte zu sichern.*[167] Wieder mußte die Natur die einfach und klar erscheinende Begründung liefern. Was sie wünsche, sei *der Sieg des Stärkeren und die Vernichtung des Schwachen oder seine bedingungslose Unterwerfung*[168]. Das nennt er den *aristokratischen Grundgedanken der Natur*[169]. Der arglose Charles Darwin mit dem Aussehen eines gutmütigen alten Pavians hatte nicht ahnen können, wie sehr seine Theorie vom «Kampf ums Dasein» mißverstanden werden würde. Was er nämlich unter dem Überleben der Tauglichsten (survival of the fittest) versteht, ist nicht der Kampf mit Zähnen und Klauen, sondern der friedliche Überlebenswettbewerb, bei dem jener gewinnt, der am besten angepaßt ist an die Erfordernisse der Natur.

Hitler, mehrfach recht glücklos mit seiner Beistandssuche in der Zoologie[170], läßt schon auf der ersten Seite seiner Kampfschrift keinen Zweifel, daß die nationalen Grenzen ihn nicht behindern könnten, wenn es an ausreichender Ernährung fehle. An anderer Stelle: *Die Natur kennt keine politischen Grenzen.*[171] Wo aber fand der Starke, der gegenwärtig gar nicht stark war, den Schwachen, den er vernichten oder unterwerfen konnte? Indem Hitler die Machtlosigkeit Deutschlands Mitte der zwanziger Jahre kühn ignorierte, erblickte er zugleich in der gerade erst aufstrebenden Sowjet-Union bereits das künftige neudeutsche Bauernland; denn dort regierten ja Bolschewisten, gleichbedeutend also mit Juden. Sie können aber, haben wir gerade gelesen, *einen Staatsbau räumlich empfundener Art nicht durchführen*[172]. Daher sei *das Riesenreich im Osten ... reif zum Zusammenbruch*[173] – ein folgenschwerer Irrtum. Auf Grund des Rechenexempels, *daß auf den Kopf eines Russen 18mal mehr Grund trifft als auf einen Deutschen*[174], stand für ihn fest: das Volk ohne Raum hatte ein Recht auf den Raum ohne Volk. Hatte der Zusammenbruch 1918 die alldeutschen Ostland-Begierden um dauerhafte Sättigung betrogen, so war nun wieder einer da, der sich entschlossen zeigte, sie zu befriedigen:

Wenn wir aber heute in Europa von neuem Grund und Boden reden, können wir in erster Linie nur an Rußland und die ihm untertanen Randstaaten denken ... Wenn die nationalsozialistische Bewegung wirklich die Weihe einer großen Mission für unser Volk vor der Geschichte erhalten will, muß sie ... unser Volk und seine Kraft ... sammeln zum Vormarsch auf jener Straße, die aus der heutigen Beengtheit des Lebensraumes unseres Volkes hinausführt zu neuem Grund und Boden ... das Ziel der deutschen Außenpolitik ist *dort zu suchen, wo es einzig und allein liegen kann: Raum im Osten.*[175]

Vom Braunen Haus zur Reichskanzlei

Hitler konnte die Ausdrucksformen seines Wesens wie einen Anzug wechseln. In der Festung Landsberg am Lech zeigte er sich im besten Licht, weil das Gericht eine vorzeitige Entlassung (mit Bewährung für den größeren Strafrest) in Aussicht gestellt hatte und er die Chance nicht verwirken wollte. Gefängnisdirektor Leybold berichtete an die Münchner Staatsanwaltschaft: «Hitler zeigt sich als ein Mann der Ordnung, der Disziplin ... Er ist genügsam, bescheiden und gefällig. Macht keinerlei Ansprüche, ist ruhig und verständig, ernst und ohne jede Auffälligkeit, peinlich bemüht, sich den Einschränkungen des Strafvollzugs zu fügen. Er ist ein Mann ohne persönliche Eitelkeit, ist zufrieden mit der Anstaltsverpflegung, raucht und trinkt nicht und weiß sich bei aller Kameradschaftlichkeit seinen Haftgenossen gegenüber eine gewisse Autorität zu sichern ... Hitler wird die nationale Bewegung in seinem Sinne neu zu entfachen suchen, aber nicht mehr wie früher mit gewalttätigen, im Notfalle gegen die Regierung gerichteten Mitteln, sondern in Fühlung mit den berufenen Regierungsstellen.»[176]

In diesem letzten Satz ist der Weg vorgezeichnet, den er in den folgenden acht Jahren tatsächlich beschritten hat. Den gleichen Eindruck erhielt der bayerische Ministerpräsident Held, als Hitler ihn nach der Entlassung aus seiner *Hochschule auf Staatskosten* [177] (20. Dezember 1924) mehrfach besuchte. In der Art mittelalterlicher Urfehde (was Ende der Fehde bedeutet) schwor er dem politischen Raubrittertum ab. Als Gegenleistung ließ Held die Partei und den «VB» in Bayern wieder zu und gab intern die Ansicht wieder: «... die Bestie ist gezähmt.» [178]

Der entlassene Hochverräter ging daran, sein zerstreutes Parteivolk wieder zu sammeln; es war arg geschmolzen. Unter dem Ersatznamen Nationalsozialistische Freiheitsbewegung hatten die Nazis und die übrigen Völkischen zwar bei den Reichstagswahlen – ihrer ersten landesweiten Wahlschein-Demoskopie – knapp zwei Millionen Stimmen und 32 Sitze errungen – ein beachtlicher Start. Als aber im Dezember erneut für den Reichstag gewählt werden mußte, wurde die Anhängerzahl halbiert. Nur noch vierzehn Abgeordnete saßen jetzt im deutschen Parlament. Daraus läßt sich mehr ablesen als nur Unzufriedenheit über Streit und Richtungskämpfe; die allgemeinen politischen und wirtschaftlichen Verhältnisse hatten sich beruhigt. Im gleichen Maße, in dem die Republik sich festigte, verlor die NSDAP Zulauf: Beweis, daß sie aus ihrer weltanschaulichen Substanz nur begrenzt Erfolge buchen konnte, vielmehr eine Krisenbewegung war.

Begonnen hatten die Jahre, in denen die Demokraten hoffen konnten: das Jahrfünft zwischen der revolutionären Staatsgefährdung des Anfangs und der wirtschaftlichen am Schluß. Außenpolitisch verband sich die Zuversicht mit dem Wirken Stresemanns auf dem wichtigsten Ministerposten über neun Kabinette hin, mit Erfolgen wie dem Locarno-Pakt von 1925 («Silberstreifen am Horizont») und der Aufnahme Deutschlands in den Völkerbund; innenpolitisch brachten amerikanische Kredite eine Scheinblüte hervor.

Bei der Neugründung der NSDAP am 27. Februar 1925 im Bürgerbräukeller – 4000 waren gekommen – unterwarf Hitler die Partei erneut seinem Befehlsanspruch: *Ich führe die Bewegung allein, und Bedingungen stellt mir niemand ...* [179] Zu seinem Leidwesen wurde ihm zehn Tage später eine Bedingung von ganz anderer Seite gestellt: Die bayerischen Behörden verboten ihm zu reden. Die Regierung Held, betont föderalistisch, aber nicht mehr Berlin-feindlich wie das Regime Kahr, duldete die unvermindert hetzerischen Töne nicht; andere Provinzregierungen folgten. So war der absolute Herrscher der rechtsextremen Partei seiner wichtigsten Waffe beraubt, jedenfalls in der großen Öffentlichkeit. In geschlosssenen Versammlungen ließ man ihn sprechen. Die rhetorischen Fesseln hinderten Hitler an Propagandareisen in den Norden, um die dortigen Nationalsozialisten geordnet hinter sich zu bringen. Damit beauftragte er Gregor Strasser, einen früheren Oberleutnant und Apotheker. Der war seinem Chef persönlich ergeben, unterschied sich aber zum Teil in den Zielvorstellungen. Ihm war es ernst mit dem «S» im Buchstabenquintett. Gegenüber Hitlers verschwommenem Sozialismus dachte Stras-

ser betont antikapitalistisch. Arbeiter zu gewinnen, bedeutete ihm mehr als der Zustrom entwurzelter Mittelständischer. Darin fand er einen Gleichgesinnten in Joseph Goebbels, einem promovierten Literarhistoriker, der durch Zurückweisungen in seinem belletristisch-journalistischen Ehrgeiz gekränkt und in radikale antibürgerliche und antisemitische Stimmungen getrieben worden war. Zwischen dem massigen Bajuwaren und dem schmächtigen Rheinländer mit dem Krüppelfuß und dem unverhältnismäßig großen Kopf entwickelte sich eine Interessenkoalition, die dem Parteivorsitzenden gefährlich werden konnte.

Zwar hielt auch der «kleine Doktor» mit der hohen, tragenden Stimme und seiner eigentümlichen Ausstrahlungskraft loyal zum «Führer», dessen Bild er auf dem Schreibtisch stehen hatte und der ihm zu Weihnachten 1925 sein Buch im Ledereinband mit der Widmung schickte: *Vorbildliche Art Ihres Kampfes*[180]. Sachlich aber trennte sie manches, darunter Goebbels' Feststellung: «Ich finde es grauenhaft, daß die Kommunisten und wir uns gegenseitig die Köpfe einschlagen.» [181] Geographische und mentalitätsbedingte Gegensätze zwischen Nord und Süd kamen hinzu, Kritik zugleich an der Münchner Parteiherrschaft und Mißfallen darüber, daß Hitler, in einer seiner wiederkehrenden Erschlaffungsphasen, die Dinge treiben ließ, sich mehr für Kultur, Geselligkeit, sein gemietetes Landhaus auf dem Obersalzberg bei Berchtesgaden interessierte und für seine hübsche siebzehnjährige Nichte Geli Raubal entbrannte.

Doch untergründig reifte der Konflikt zur Entscheidung. Als der zeitweilige Müßiggänger die Alleinherrschaft gefährdet sah, spannten sich seine Energien. Kurzfristig berief er eine Führertagung nach Bamberg ein, wo Julius Streicher mit Aufmärschen und Fahnengepränge die Einigkeit des Südens demonstrierte. Hitler sprach zwei Stunden. In Goebbels' Tagebuch spiegeln sich Auftreten, Forderungen, Wirkung des Vorsitzen-

Hitler auf dem Obersalzberg, «Haus Wachenfeld»

Hitlers Landhaus am Obersalzberg

den: «... Frage des Privateigentums nicht erschüttern! Grauenvoll! Programm genügt! Zufrieden damit. Feder nickt, Ley nickt. Streicher nickt. Esser nickt. Es tut mir in der Seele weh, wenn ich Dich in der Gesellschaft seh!!! Kurze Diskussion. Strasser spricht. Stockend, zitternd, ungeschickt, der gute, ehrliche Strasser, ach Gott, wie wenig sind wir diesen Schweinen da unten gewachsen!»[182] Das Stakkato, das er aufs Papier hackt, endet in Verzweiflung: ihm sei der Halt genommen, er glaube nicht mehr restlos an Hitler. Aber schon im April 1926, zwei Monate nach der Bamberger Schlappe des linken Nationalsozialismus, von der er sich schwer erholte, hatte der Achtundzwanzigjährige seinen Halt wiedergefunden, als Hitler ihn nach einer zweieinhalbstündigen Gastrede im Bürgerbräukeller mit Tränen in den Augen umarmte. «Ich bin so etwas wie glücklich.»[183]

Nicht lange danach vertraute er seinen Blättern das Bekenntnis an: «Ja, diesem Mann kann man dienen. So sieht der Schöpfer des dritten Reiches aus.»[184] Hitler hatte nicht nur das stärkste Fort der Strasser-Festung erobert; er sandte Goebbels noch im selben Jahr 1926 als Gauleiter nach Berlin-Brandenburg. Für seinen Machtaufstieg war es die geschickteste Personalentscheidung. Der kleine, hinkende Mann, der Backfisch-Sentimentalitäten in sein Tagebuch schrieb («O, du grauenvolle, mitleidlose

Welt! Draußen schneit es weiße Flocken! Weh dem, der keine Heimat hat!»[185]) – und der doch so schneidend und sarkastisch formulieren und einen Saal zum Kochen bringen konnte, dieser Demagoge und Organisator hat viel dazu getan, daß die Hauptstadt in der großen Krise für Hitler «reif» wurde. Jetzt, nach dem Umfall, machte es ihm auch nichts mehr aus, daß Nazis und Kommunisten sich gegenseitig die Köpfe einschlugen. Dabei war er persönlich mutig und veranstaltete Kundgebungen mitten im «roten» Berliner Norden und Osten, bei denen Schlägereien zur Tagesordnung gehörten. Vom Podium schaute Joseph Goebbels dann wie ein Feldherr auf die Walstatt. Wenn man wegen seiner «großen Klappe» über ihn lachte, geschah es doch mit einer Beimischung von Respekt. Goebbels war – oder wurde – hintergründiger als Hitler die eigentlich dämonische Erscheinungsform des Nationalsozialismus: ein Menschenverächter (dabei Frauenheld), der gleichwohl dem Volk aufs Maul schaute und mit ihm zu reden wußte; der, je größer die Herausforderung, zu desto größerer Form sich aufschwang und zuletzt im Bombenhagel die Kunst der Massenbetäubung zur Perfektion steigerte, als der angebetete Führer schon nahezu verstummt war, und der ganz am Ende seinem Idol nibelungentreu in den Freitod folgte.

Und noch eine zweite Weichenstellung des Spätjahres 1926 wies in die Zukunft, die Neuorganisierung der SA, mit dem früheren Hauptmann Franz Pfeffer von Salomon an der Spitze. Hitler wünschte seine «Sturmabteilung» vom Rollenverständnis bloßer Dreschflegel mit Bierkrug und Stuhlbein hinzuführen zu dem einer straffen Parteimiliz, die den Nationalsozialismus in der Öffentlichkeit «verkörperte», in ständiger Präsenz, unübersehbar, massiert, geordnet, eine zweite Front der Bewegung: dort Wort und Schrift, hier Marsch und Takt; dort die Herzen gewinnend, hier die Straße.

Was wir brauchen sind nicht hundert oder zweihundert verwegene Verschwörer, sondern hunderttausend und aber hunderttausend fanatische Kämpfer für unsere Weltanschauung. Nicht in geheimen Konventikeln soll gearbeitet werden, sondern in gewaltigen Massenaufzügen, und nicht durch Dolch und Gift oder Pistole kann der Bewegung die Bahn frei gemacht werden, sondern durch Eroberung der Straße. Wir haben dem Marxismus beizubringen, daß der künftige Herr der Straße der Nationalsozialismus ist, genauso, wie er einst der Herr des Staates sein wird.[186]

Das war anspruchsvoll und leider auch prophetisch zutreffend gesagt in einer Zeit, in der zwar die Mitgliederstärke der NSDAP stetig wuchs[187], die Nationalsozialisten aber dennoch, trotz allen Spektakels, im Kräftespiel zählbarer Stimmen eine Randgruppe blieben, den Schein nicht durch Sein ersetzen konnten. 1928 bevorzugten nur 810000 Wähler die Rechtsextremisten; das ergab zwölf Sitze. Hätte das Wahlgesetz schon die Fünf-Prozent-Klausel gekannt, dann wären die Nazis mit 2,6 Prozent gar nicht in den Reichstag gekommen. Bezeichnend entsprach ihr Tiefstand der relativ geringen Zahl Arbeitsloser: 1,8 Millionen waren es in diesem zweitbesten unter den «guten» Weimarer Jahren.

Als dann der Börsenkrach in New York Ende Oktober 1929, wie symbolhaft drei Wochen nach Stresemanns Tod, die verschuldete deutsche Wirtschaft in den Mahlstrom der großen Krise riß und die Arbeitslosenzahl schon Anfang 1930, längst ehe die Auswirkungen der Depression voll auf Europa durchschlugen, auf 3,4 Millionen stieg – da schaufelte die Krisenpartei die Stimmzettel der Unzufriedenen, Verzweifelten: 6,4 Millionen (18,3 Prozent)! Der 14. September 1930 war der Schock der Demokraten. 107 Hitler-Leute zogen triumphierend im Braunhemd in den Reichstag ein. Der Parteichef, gemäß seiner verfassungsachtenden Haltung seit 1923, nutzte die demokratischen Institutionen für seine Politik, ließ indes keinen Zweifel, wie gering er sie schätzte:

Joseph Goebbels, 1930

Im Prinzip sind wir keine parlamentarische Partei, denn damit stünden wir im Widerspruch zu unserer ganzen Auffassung; wir sind nur zwangsweise eine parlamentarische Partei, und was uns zwingt, ist die Verfassung ... Und so ist der Sieg, den wir gerade errungen haben, nichts anderes als der Gewinn einer neuen Waffe für unsern Kampf. Wir kämpfen nicht um

Manuskriptseite einer Rede

Parlamentssitze der Parlamentssitze willen, sondern um eines Tages das deutsche Volk befreien zu können.[188]

Der Erdrutsch verschob die Kräfteverhältnisse im Reich; die Hitler-Partei war ein Faktor geworden. Dazu hatte neben den wirtschaftlichen Nöten das lastende Reparationenproblem beigetragen: Das «verbesserte» Konzept des amerikanischen Wirtschaftsführers Owen Young (Young-Plan) sah vor, die deutschen Kriegsschulden auf 112 Milliarden zu begrenzen, zahlbar in 57 Jahresraten, bis 1988. Ist es schon schwer zu fassen, daß seriöse Volkswirtschaftler ein Volk auf Generationen in eine unübersehbare Zukunft hinein auf kommagenaue Zahlungen verpflichteten, so verhalfen sie jedenfalls der deutschen Opposition zu wirksamer Propaganda: zum Beispiel durch ein Plakat, auf dem ein Kind gezeigt wird, das über diesen Schulden alt werden würde. Bei der Bekämpfung des Young-Plans waren die Deutsch-Nationalen unter Alfred Hugenberg und die Nationalsozialisten erstmals in einer «nationalen Einheitsfront» verbündet gewesen, und in Hugenbergs Presse-Imperium hatte Hitler natürlich Publizität genossen. War der Volksentscheid auch erfolglos geblieben – noch stützte die Volksmehrheit die verständigungsbereiten Parteien von der SPD bis zur DVP –, so hatte er doch endgültig den Aufstieg Hitlers von der bayerischen Bierkeller-Größe in die Politik des Reiches ermöglicht.[189] Dazu kam nun sein Wahltriumph.

Kurz danach leistete er den sogenannten Legalitätseid vor dem Reichsgericht in Leipzig. Anlaß war ein Prozeß gegen drei Reichswehroffiziere wegen verbotener Kontakte zur NSDAP. Hitler wurde als Zeuge geladen. Ein Dialog zwischen dem Gerichtsvorsitzenden und dem Zeugen fand starke Beachtung:

Vorsitzender: Wie deuten Sie das Wort «Deutsche nationale Revolution»?

Hitler: *Der Begriff «nationale Revolution» wird immer als ein rein politischer aufgefaßt. Für die Nationalsozialisten ist das aber lediglich eine Erhebung des geknechteten deutschen Menschen von heute ... Sie brauche aber nicht mit illegalen Mitteln vorbereitet zu werden. Wenn wir heute noch zwei bis drei Wahlen haben, dann hat auch die nationalsozialistische Bewegung im Reichstag die Mehrheit und wird dann die nationalsozialistische Revolution vorbereiten.*

Vorsizender: Sie meinen die geistige? Und wenn man darunter etwas anderes versteht, dann sagen Sie: Dafür können wir nichts.

Hitler: *Deutschland ist durch Friedensverträge geknebelt. Die gesamte deutsche Gesetzgebung ist heute nichts anderes als der Versuch, die Friedensverträge im deutschen Volke zu verankern. Die Nationalsozialisten sehen diese Verträge nicht als ein Gesetz an, sondern als etwas Aufgezwungenes. Wir erkennen nicht an, künftige Geschlechter, die vollkommen unschuldig sind, damit zu belasten. Wenn wir uns dagegen mit allen Mitteln wehren, dann befinden wir uns auf dem Wege der Revolution.*

Vorsitzender: Auch mit illegalen Mitteln?

Hitler: *Ich setze hier voraus, daß wir gesiegt haben, dann werden wir*

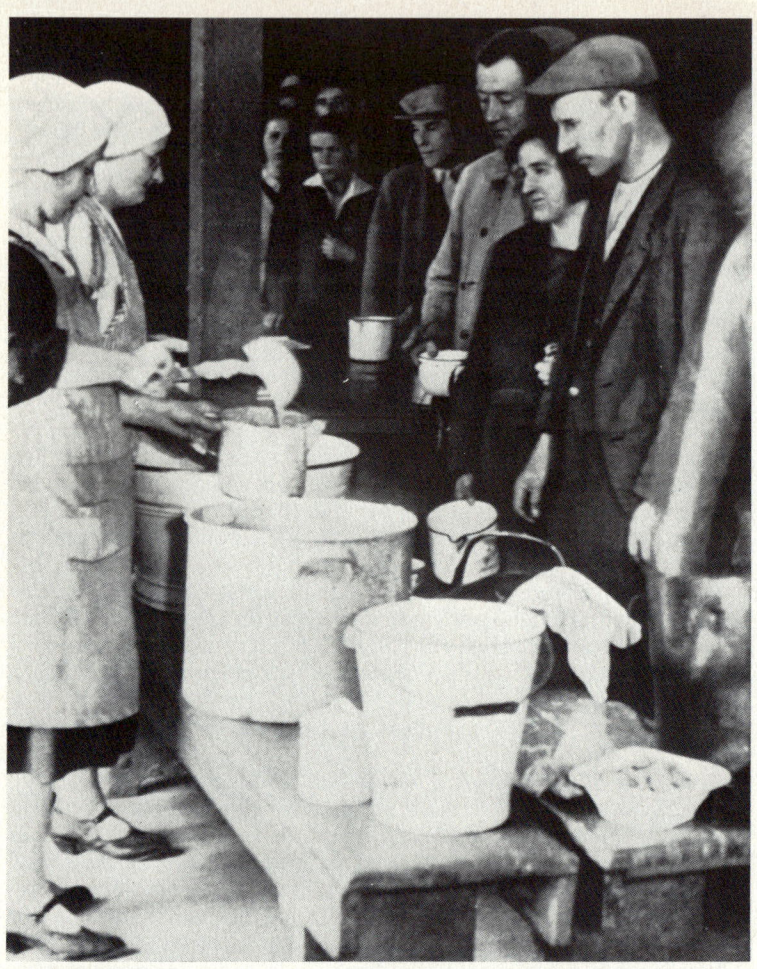

Arbeitslosenspeisung

gegen die Verträge kämpfen mit sämtlichen, vom Angesicht der Welt aus gesehen, auch mit *illegalen Mitteln* ...

Vorsitzender: Wie denken Sie sich die Errichtung des Dritten Reiches?

Hitler: *Die Verfassung schreibt nur den Boden des Kampfes vor, nicht aber das Ziel. Wir treten in die gesetzlichen Körperschaften ein und werden auf diese Weise unsere Partei zum ausschlaggebenden Faktor machen. Wir werden dann allerdings, wenn wir die verfassungsmäßigen Rechte besitzen, den Staat in die Form gießen, die wir als die richtige ansehen.*

Vorsitzender: Also nur auf verfassungsmäßigem Wege?
Hitler: *Jawohl.*[190]

Unverhüllt ist ausgesprochen, daß der Staat, sobald nationalsozialistisch, nicht bleiben werde, wie er war, weder nach innen noch nach außen. Hernach durfte niemand bedauern, er habe dies nicht ahnen können. Aber hätte die Ahnung vieler Einsichtiger an den gesellschaftlichen Druckverhältnissen, die unwiderstehlich wurden, etwas ändern können? Verhindert man Lawinen durch Kenntnis ihrer «Beweggründe»? Bemerkenswert genau hat damals Konrad Heiden das Kernproblem gesehen: «Wenn er [Hitler] sich jetzt umblickte, sah er hinter sich das fahle Heer der Millionen, die viel mehr nach Brot hungerten als nach Freiheit.»[191] Jetzt verkehrte sich das bisherige Verhältnis: Gedeihen der Wirtschaft = Kümmerdasein der NSDAP, in das Gegenteil. In dem Maße, in dem die Massen der Arbeitslosen, bei geringstem Unterhalt, verelendeten, wurde die Partei der Braunen rund und prall, als zehre sie buchstäblich von der körperlichen Substanz ihrer Wähler.

Weimars Endphase bietet den Anblick quälenden Siechtums. Der materielle Niedergang breiter Schichten gleicht einem Naturereignis, dessen Gewalt aller Rettungsmühe spottet. Im Januar 1931 melden die Arbeitsämter 4,9 Millionen Unbeschäftigte. Die Landtagswahlen des Jahres spiegeln wider, wie der soziale Druck sich zur radikalen Rechtspartei hin ableitet: 26,9 Prozent der Stimmen in Schaumburg-Lippe, 37,2 Prozent in

«Das Braune Haus» in München

Oldenburg (19 von 48 Abgeordneten – stärkste Fraktion), 25,9 Prozent in Hamburg, 37 Prozent in Hessen (27 von 70 Mandaten – stärkste Fraktion). Die Mitgliederstärke der NSDAP wächst von 389000 auf 806000 binnen zwölf Monaten. Beim Treffen der SA-Gruppe Nord in Braunschweig im Oktober 1931 marschieren 104000 SA- und SS-Männer an Hitler vorüber, mehr, als die ganze Reichswehr Soldaten hat.

Im Januar 1932 melden die Arbeitsämter 6,1 Millionen Unbeschäftigte. Einschließlich Kurzarbeit trifft die Wirtschaftskrise 9,6 Millionen samt ihren Familien: das halbe Volk. Die Landtagswahlen sind abermals Ausdruck einer Flucht vieler Wähler aus der Demokratie, die nicht helfen kann, an die Peripherie, wo die Radikalen locken, vor allem die rechten: Preußen 38,3 Prozent NSDAP, Bayern 33,5 Prozent, Württemberg 28,7 Prozent, Anhalt 41,6 Prozent, Mecklenburg-Schwerin 48,9 Prozent (30 von 59 Sitzen – stärkste Fraktion), Hessen 43,9 Prozent. Meistens sind die Hitler-Gegner zusammen stärker, aber sie bringen, weil zerstritten, ohne oder gegen die NSDAP keine Regierungen mehr zustande; da liegt das Dilemma. Anhalt bekommt den ersten Ministerpräsidenten aus dieser Partei (Alfred Freyberg).

Der Reichstag bleibt von der Verschärfung der Stimmungslage nicht verschont. Die Wahlen vom 31. Juli 1932 erbringen 37,4 Prozent der Stimmen für Hitlers Partei, das entspricht 13,7 Millionen Wählern. Mit 230 von 608 Abgeordneten sind die Braunhemden stärkste Fraktion, weit vor der SPD (133). Die Mitgliederzahl der NSDAP geht zum Jahresende auf die 1,5 Millionen zu.

Hitler setzt seine Spitzenkräfte an verschiedenen Fronten ein. Hermann Göring leitet von jetzt an die Sitzungen des Reichstages als sein Präsident, Ernst Röhm führt die SA (nach Pfeffers Rücktritt), Gregor

Hitlers Flugzeug über Nürnberg

General von Schleicher und Reichskanzler von Papen

Strasser ist Reichsorganisationsleiter der Partei (bis zum endgültigen Bruch mit Hitler im Dezember 1932), Rudolf Heß koordiniert und lenkt die Parteiarbeit im Braunen Haus in München, dem aufwendigen Führer-Palais in der Brienner Straße. Mitten in der Wirtschaftskrise hat Hitler nicht gezögert, eine Sonderspende der Partei einzutreiben (Industrie-spenden kamen dazu [192]) und die Villa auf der Grundlage eigener Entwür-fe großzügig auszustatten, als habe er verspätet nun doch noch das große Los von Linz gezogen. Immer Psychologe, erkennt er genau, daß es sei-nem Fußvolk mehr imponiere, wenn der Führer herrschaftlich wohnt und auftritt, als wenn er den Armeleutegeruch arbeitsloser Kleinbürger ver-breitet; der König darf nicht arm sein. Das widerspräche aller Märchener-fahrung...

Bei der föderalistischen Struktur des Reiches wird die große Krise zum ununterbrochenen Wahlkampf. Als erster Politiker in Deutschland stellt Hitler das Flugzeug in seine Dienste, um in schneller Folge an vielen Or-ten sprechen zu können. «Hitler über Deutschland» wird zu einem wirk-sam-doppelsinnigen Slogan. In seinen zahllosen Wahlreden und Aufrufen gibt er sich sieges- und sendungsgewiß:

Ich habe mich in meinen Gegner verbissen und Sie bringen mich von diesem Gegner nicht los ... Sie müßten mich töten, ehe Sie mich von diesem Feind Deutschlands wegbringen (15. März 1932 in Weimar [193]).

Wir einigen das deutsche Volk ... wir sind die größte Einigkeitsbewegung, die die deutsche Nation überhaupt jemals gehabt hat (21. April 1932 in Bad Kreuznach [194]).

Die große Zeit der Entscheidung ist nunmehr gekommen ... Vor 13 Jahren wurden wir Nationalsozialisten verspottet und verhöhnt – heute ist unseren Gegnern das Lachen vergangen («Erste Adolf-Hitler-Schallplatte», 20. Juli 1932 [195]).

Warum sollte ich auf Berlin marschieren (wie Mussolini auf Rom)? *Ich bin ja schon dort! Die Frage ist nicht, wer auf Berlin marschieren wird, sondern vielmehr, wer aus Berlin herausmarschieren wird* (Interview vom 16. August 1932 [196]).

Ich verliere nicht die Nerven. Mein Wille ist unerschütterlich, und mein Atem ist länger als der Atem meiner Gegner (1. September 1932 im Berliner Sportpalast [197]).

Wenn Herr von Papen sagt: «Herr Hitler, Sie sind nur da, weil die Not da ist», dann antworte ich: Ja, wenn das Glück da wäre, dann brauchte ich nicht da zu sein, und dann wäre ich nicht da! (12. Oktober 1932 in Pokking [198]).

Wenn wir einmal die Macht bekommen, dann werden wir sie, so wahr uns Gott helfe, behalten. Wegnehmen lassen wir sie uns dann nicht mehr (17. Oktober 1932 in Königsberg [199]).

Keinerlei Kompromisse und kein Gedanke an irgendeine Verständigung mit diesen Elementen! (Aufruf an die Parteigenossen, 8. November 1932 [200]).

Die Abstimmungskämpfe an den Wahlurnen werden von Dolch- und Knüppelkämpfen auf den Straßen begleitet. Deutschland erlebt bürgerkriegsähnliche Zustände. Hauptgegner sind die Kommunisten, die Ende 1932 100 Abgeordnete in den Reichstag schicken können (drittstärkste Fraktion) und die das Feld nicht freiwillig räumen. Es gibt Wochenenden wie den «Blutsonntag» von Altona (17. Juli 1932) mit siebzehn Toten und einer vierfachen Zahl Verletzter. Die Nazis, voran Goebbels, veranstalten für ihre Opfer kultische Totenfeiern, Trauergeleite wie bei abgeschiedenen Fürsten, so für den Studenten und SA-Führer Horst Wessel, dessen Ermordung eine Privatrache aus Zuhälterkreisen war, weil er seine Braut dem Dirnenmilieu abgewonnen hatte.

Da der Reichstag seit 1930, seit dem Ende der großen Koalition (Kabinett Hermann Müller), keine regierungsfähigen Bündnisse mehr aus sich hervorbringt, wird der Paragraph 48 der Reichsverfassung mit seinen Ausnahmeermächtigungen zum Stützpfeiler des Staates. So regiert Heinrich Brüning (Zentrum) zwei Jahre ohne Mehrheit, aber parlamentarisch geduldet, mit einem Notverordnungsprogramm strikter Sparpolitik (Deflation), bis er das Vertrauen Hindenburgs verliert.

Kurz vorher kommt es im März und April 1932 zu Präsidentschaftswahlen – in jener Zeit durch das Volk. Hitler gehört zu den Gegenkandidaten des steif und langsam gewordenen alten Feldherrn; eben eingebürgert, darf der Zweiundvierzigjährige sich um öffentliche Ämter bewerben. Der doppelt so alte Kriegsheros schlägt den Gefreiten ganz klar: mit 19,4 Millionen Stimmen gegen 13,4 Millionen. Und doch zeigt das Plebiszit die ganze Rat- und Hilflosigkeit der Demokratie: gegen Hitler gibt es kein anderes Mittel mehr, als einen Greis von 84 Jahren für weitere sieben Jahre zu bestätigen ...

Brünings beide Nachfolger, Franz von Papen und General von Schleicher, mit halbautoritären «Präsidialkabinetten» ohne parlamentarische Stütze, werden noch weniger der Krise Herr, obwohl die NSDAP in der zweiten Reichstagswahl des Jahres 1932 einen Rückschlag erleidet, der manche demokratischen Hoffnungen nährt: Verlust von zwei Millionen Stimmen und 34 Mandaten.

Der Fackelzug durch das Brandenburger Tor in Berlin am 30. Januar 1933

In eine Koalitionsregierung unter einem anderen Kanzler einzutreten, lehnt Hitler ab (er müsse *die Führung einer Regierung ... in vollem Umfang* für sich und seine Partei *verlangen*[201]); ein Präsidialkabinett Hitler lehnt Hindenburg ab, weil er eine Parteidiktatur fürchtet. Erst als General von Schleicher, der sich als «das letzte Pferd im Stalle des Reichspräsidenten» ansieht[202], nach acht Wochen aufgibt, sieht Hindenburg keinen anderen Ausweg mehr, obwohl Reichspressechef Zechlin gewarnt hatte: «Den Hitler werden Sie nicht wieder los.»[203] Am 30. Januar 1933 beruft er Adolf Hitler zum Reichskanzler. Alles Intrigen- und Kulissenspiel der letzten Wochen und Tage ändert nichts daran, daß Hitler seine Berufung nicht finsteren Verschwörungen, sondern einer ausweglosen Verfassungslage verdankt. Sie allein hat den vielgescholtenen Hindenburg bewogen, den Chef der mit Abstand stärksten Partei trotz aller Bedenken nicht länger zu umgehen. Auch von heute aus ist schwer zu erkennen, wie er es hätte besser machen sollen.

Die Ernennung löst einen Freudentaumel unter den Nationalsozialisten aus (Harry Graf Kessler: «Berlin ist ... in reiner Faschingsstimmung»[204]). Mit brennenden Fackeln ziehen endlose Kolonnen SA, SS und Frontkämpferbund «Stahlhelm» durch das Brandenburger Tor und die Wilhelmstraße, vorbei an den Amtssitzen des Reichspräsidenten und Reichskanzlers. Sie feiern die neue Zeit. Das «Dritte Reich» ist angebrochen; der Begriff ist uralt, doch im Sinne einer dritten deutschen Staatsgewalt, nach altdeutschem und neudeutschem Kaiserreich, stammt er erst von Arthur Moeller van den Bruck: aus dem Jahr des Hitler-Putsches.

Nun steht der Putschist legal in der Macht. Wohin wird sie führen? Einer mindestens weiß es genau, sein einstiger Mitkämpfer Ludendorff. Politisch glücklos, zerfallen mit dem Gefreiten, zerfallen mit dem Feldmarschall, selber eine Unheilsfigur des 20. Jahrhunderts, ist er in Grimm und Verbitterung hellsichtig geworden. An seinen alten Kampfgefährten schreibt er: «Sie haben durch die Ernennung Hitlers zum Reichskanzler unser heiliges deutsches Vaterland einem der größten Demagogen aller Zeiten ausgeliefert. Ich prophezeie Ihnen feierlich, daß dieser unselige Mann unser Reich in den Abgrund stürzen und unsere Nation in unfaßbares Elend bringen wird.»[205]

Der Staatsmann

Vierzehn Jahre lang hat Hitler die Macht eingeübt, zwölf Jahre ausgeübt. Bisher war die Staatsgeschichte die Kulisse der persönlichen; jetzt werden Staat und Person nahezu deckungsgleich. Das verändert die Sichtweise. Hitlers weiterer Weg ist der Weg des Dritten Reiches. Unmöglich können aber in diesem Rahmen die zwölf Jahre zeitlich und inhaltlich angemessen dargestellt werden. Es kann nur darum gehen, deren wichtigste innere und äußere Ereignisse, unter Vernachlässigung der schwer faßbaren Machtstrukturen, mit seinen Begleitworten zu versehen. Dieser Zwangslage kommt erleichternd entgegen, daß Hitlers Macht in vielem nur vollzog und erfüllte, was vorher gewollt, gesagt, geschrieben, angedroht, im kleinen praktiziert worden war. Sie bedeutete die Reinschrift des Entwurfs, ganz anders als etwa die Bismarck-Zeit im Vergleich zum Werden Bismarcks. Vor diesem Hintergrund kommt den Selbstzeugnissen, dem Rückgrat dieser Biographie, für die Vorbereitungsjahre erhöhter Wert zu. Das Gewicht der Darstellung liegt dadurch mehr auf den Umständen der Herrschaftsgewinnung als auf der Herrschaft selber – ganz im Gegensatz zu deren unvergleichlich größerer geschichtlicher Tragweite.[206]

Selbstaufgabe der Demokratie

Die «Machtergreifung» war eher eine Machtübernahme. Zweimal hintereinander wurde ihm die Macht übertragen, das erste Mal durch den Reichspräsidenten, das zweite Mal, umfassender, durch das Parlament. Dazwischen lagen siebeneinhalb aufregende Wochen mit den Höhepunkten Reichstagsbrand, Reichstagswahl, «Tag von Potsdam».

Das Kabinett Hitler sah nicht allzu gefährlich aus. Der nationalsozialistische Kanzler und seine zwei Parteifreunde Frick (Innenministerium) und Göring (ohne Geschäftsbereich) schienen im Sinne des Vizekanzlers Papen zufriedenstellend «eingerahmt» zu sein von bürgerlich-konservativen Ministern. Die Illusion sollte nicht lange währen.

Nachdem Hindenburg am 1. Februar durch Auflösung des Reichstags den Weg für abermalige Neuwahlen freigegeben hatte, proklamierte der Kanzler sein Regierungsprogramm im Rundfunk. Er gab seinen Einstand

Hitler auf dem Balkon der Reichskanzlei

in dem jungen Medium, das ihm bisher versperrt gewesen. War gerade diesem Künstler der suggestiven Gefühlssteuerung das Sprechen ins Unsichtbare, die technische Trennung vom «Objekt Masse», hindernd und störend und glich auch die Ton-Vervielfältigung den Nachteil nicht aus, so kam doch seine Redeweise der knappen Sätze, die immer dastehen wollten wie in eherne Lettern gegossen, dem Hörfunk entgegen. Viele hörten zum erstenmal die gutturale Stimme mit dem niederbayerischen Anklang. Mit der Zeit wurde die Ankündigung «Der Führer spricht» zur magischen Formel – Teil seines hochpathetischen Herrschaftsstils, monumental, imperatorisch, pompös.

Zur Regierungserklärung per Funk und Litfaßsäule gehörten die Willenserklärungen: *das Christentum ... Basis unserer gesamten Moral, die Familie ... Keimzelle unseres Volks- und Staatskörpers ... über Stände und Klassen hinweg ... Bewußtsein der volklichen und politischen Einheit ... das große Werk der Reorganisation der Wirtschaft ... mit zwei großen Vierjahresplänen ... Rettung der deutschen Bauern ... Rettung des deutschen Arbeiters ... Binnen vier Jahren muß die Arbeitslosigkeit endgültig überwunden sein ... Arbeitsdienstpflicht und ... Siedlungspolitik ... Außenpolitisch ... Wiedererringung der Freiheit ... Erhaltung und Festigung des Friedens ... aufrichtigster Wunsch zum Wohle Europas, ja der Welt ... Überwindung der kommunistischen Zersetzung Deutschlands ... Überwindung des Klassenwahnsinns und Klassenkampfes.* Zum Schluß hin steigerte Hitler sich beschwörend in den Appell: *Nun, deutsches Volk, gib uns die Zeit von vier Jahren, und dann urteile und richte uns!*[207]

Auf dem Höhepunkt des Wahlkampfs ging der Reichstag in Flammen auf. Zu günstig war der Zeitpunkt für die Nazis, und zu übergangslos nutzten sie den Anschlag dazu aus, gegen die Kommunisten vorzugehen, als daß der Verdacht ausbleiben konnte, sie hätten selber das Feuer gezündet. Doch Hitlers Feststellung, der holländische Kommunist Marinus *van der Lubbe* habe *den Brand gelegt*[208], ist nicht schon dadurch falsch, daß die Tat wie gerufen kam, um die Kommunisten vor dem Volk als Verbrecher zu denunzieren. Hitler sah natürlich einen Kollektivakt hinter

Hitler spricht erstmals im Radio

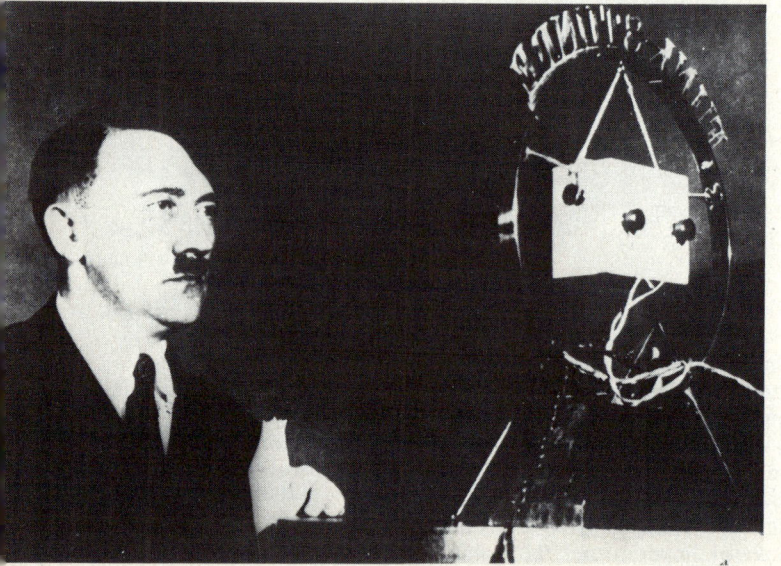

dem Feuerüberfall auf den neuen Staat, doch haben die Untersuchungen von Fritz Tobias die Alleintäterschaft des Holländers (ohne Hintermänner) überzeugend gemacht. Alle Versuche anderer, die Erleuchtung der Berliner Februarnacht dem Reichstagspräsidenten Göring und der SA anzulasten, lassen vergleichsweise mehr Zweifel zurück. Hitler und Goebbels haben eben blitzschnell reagiert, was ihren Fähigkeiten nicht widersprach.

Trotz Druck und Einschüchterung läßt die Wahl vom 5. März 1933 sich noch annähernd als «frei» bezeichnen. Dies zeigt sich darin, daß immer noch eine Volksmehrheit von 56,1 Prozent nicht die NSDAP wählte. Der Abstand zwischen dieser stärksten Fraktion (288 Sitze) und der zweitstärksten (SPD = 120 Sitze) war freilich bedrückend groß. Hitler ließ überdies die 81 KPD-Mandate kassieren und erlangte so die absolute Mehrheit – eine gute Ausgangslage für das erwünschte Ermächtigungsgesetz.

Vorher inszenierte er noch eine eindrucksvolle Verbrüderung zwischen dem ersten, zweiten und Dritten Reich. Der neue Reichstag wurde in der Potsdamer Garnisonkirche eröffnet – Brückenschlag zum alten Preußen, zum konservativen, monarchischen Deutschland, zur Tradition. Ein letztes Mal machte der neue Führer sich klein vor der Reckengestalt des Feldmarschalls, umgab ihn *in diesem für jeden Deutschen geheiligten Raum*[209] täuschend mit Geist und Inventar seiner Herkunft und ließ sich von ihm, dem *Schirmherrn über die neue Erhebung unseres Volkes*[210], gleichsam segnen und salben. An dem Tag erlangte der geniale Verführer zur Legalität ein Stück Legitimität, zur Gesetzlichkeit einen Hauch von Weihe.

Einzig die SPD, ohnehin abwesend, ließ sich nicht irreführen und verweigerte drei Tage später die Zustimmung zur verlangten Generalvollmacht, zur Forderung, den Ausnahmezustand – kein Gesetz bedarf er Zustimmung des Reichstags; Gesetze müssen nicht verfassungskonform sein – auf vier Jahre festzuschreiben. Sie ließ sich auch nicht einschüchtern, als der Kanzler drohte: *Die Regierung ist aber ebenso entschlossen und bereit, die Bekundung der Ablehnung und damit die Ansage des Widerstandes entgegenzunehmen. Mögen Sie, meine Herren, nunmehr selbst entscheiden über Frieden oder Krieg!*[211]

Die Pranke war erhoben. Alle anderen Parteien stimmten daraufhin ihrer Entmündigung zu. Ein solcher Akt der Selbstaufgabe ist mit der Notlage allein und auch mit Druck nicht hinreichend zu erklären. Mehrerlei, oder vieles, mußte zusammengetroffen sein, daß die Demokratie sich eigenhändig abschaffte. Wie wurde Hitler möglich außer durch die Wirtschaftskrise, an deren vorrangigem, radikalisierenden Einfluß nicht zu zweifeln ist? Das Material zur Beantwortung der Frage liegt zum Teil auf dem bisherigen Erzählweg verstreut. Zusammengefaßt und ergänzt, ergeben sich zwölf Thesen:

1. Die deutsche Wirtschaftskatastrophe war indirekt eine Folge alliierter, vor allem französischer Rachepolitik. Die riesigen, ökonomisch ver-

Hindenburg und Hitler am 21. März 1933

nunftwidrigen Zahlungen und Sachleistungen an die Franzosen, Belgier, Engländer hatten diesen ermöglicht, ihre Kriegsschulden an Amerika zurückzuzahlen, woraufhin dort ein gefährlicher Prosperity-Rausch entstand, verbunden mit vielen kurzfristigen Krediten an Deutschland. Durch diesen absurden Kreislauf wurde die deutsche Wirtschaft, als die amerikanische Krise ausbrach, besonders hart getroffen. Das praktische Ende der Reparationen im Juni 1932 änderte wirtschaftlich nichts zum Besseren, kam zu spät.

2. Der deutsche Unbesiegbarkeitsglaube, bestärkt durch beschönigende Nachrichtenpolitik im Ersten Weltkrieg, hatte die Niederlage von 1918 nicht verstanden und anerkannt. Die These vom Dolchstoß fand daher starken Widerhall. Zusammen mit dem Schuldspruch in Versailles 1919, Deutschland (mit Österreich) habe den Krieg verschuldet, sowie durch die Auferlegung exorbitanter Straf- und Ersatzleistungen ergab sich ein Schlagwortpaar von aufreizender Wirkung («Dolchstoß» und «Versailles») gegen die verantwortungsübernehmenden Parteien und Personen.

3. Die Sozialdemokratie als tragende Säule der frühen Republik war im Kaiserreich, aus wechselseitigen Gründen, nicht in den Staat integriert

worden. Jetzt wurde ihr daher die Legitimität der Nachfolge abgesprochen.

4. Das Republikschutzgesetz hielt der ungehemmten Hetze und Ehrabschneiderei nicht stand. Das politische Klima im Weimarer Staat war so vergiftet, daß Gesetze versagten.

5. Dazu trug bei, daß die Staatsinstitutionen selber – Behörden, Justiz, Universitäten – das Gemeinwesen nicht energisch verteidigten. Der Staatsapparat der Kaiserzeit war intakt geblieben, beherrschte weithin auch die Demokratie, ohne sie mittragen zu helfen. Die intellektuellen Schichten, vornehmlich Hochschullehrer, Studienräte, Richter, Staatsanwälte, hohe Beamte, Reichswehroffiziere, Geistliche beider Konfessionen, standen stark überwiegend nicht auf dem Boden dieses Staates («Republik ohne Republikaner»), viel eher hingegen die liberaldemokratische Presse jüdischer Verlagshäuser (Ullstein, Mosse).

6. Die Demokraten aus Überzeugung oder Vernunft handhaben das neue Instrument Demokratie, Parlamentarismus, Selbstverantwortung unerfahren, unsicher, am Ende verdrießlich und aufgabebereit. Sie nahmen über unerheblichen Zwistigkeiten Regierungsstürze in Kauf. Untrüglich erfaßte Hitler, «was schon im Fallen, was schon im Sterben war» (Haffner); seine Gabe glich «weniger dem Blick des Adlers als der Witterung des Geiers» [212].

7. Die Verfassung, human, fortschrittlich, Reife voraussetzend, begünstigte die parlamentarischen Krisen durch den Artikel 54, der ein Mißtrauensvotum nicht «konstruktiv», nicht von der Wahl eines Nachfolgers abhängig machte. Auch ließ das Wahlgesetz Splitterparteien in den Reichstag gelangen.

8. Indem Reichstag und Landtage konsensunfähig wurden durch Anwachsen radikaler Verneiner einerseits, zerstrittener Demokraten andererseits, entwickelte sich ein machtpolitisches Unentschieden, das Hitlers Berufung erleichterte. «Alleinherrscher kommen in Pattsituationen an die Macht» (Jäckel [213]).

9. Die Furcht vor einer bolschewistischen Revolution nach dem Muster der Münchner Räterepublik war groß. In Hitlers Bewegung wurde ein Wellenbrecher gesehen. Deutschland fürchtete mehrheitlich viel mehr die extrem Linken als die extrem Rechten.

10. Hitlers Führerprinzip baute auf verwurzelte Untertanengesinnung aus Jahrhunderten deutscher Kleinstaaterei und ordnete in der verwirrenden Demokratie die Kompetenzen durchsichtig von oben nach unten. Dieses Prinzip kam in der glanzlosen Nach-Monarchie der Sehnsucht nach dem Ersatzkaiser entgegen, einer Sehnsucht, die sich einstweilen an Hindenburgs Vaterfigur tröstete. Das Zeitklima war ganz allgemein dem «großen Mann» gewogen; besonders die liberale Geschichtsschreibung aus der Schule des 19. Jahrhunderts huldigte ihm.

11. Hitlers gesteigerter Nationalismus, inmitten von Demütigung und Entwertungsgefühlen, «reaktivierte das deutsche Sendungsbewußtsein,

Um 1921   *1923*

das in unserer Nationalgeschichte so tiefe Wurzeln hatte» (Mitscherlich[214]). Dazu befähigte ihn zweierlei: daß grundtypische Zeittendenzen der Abwehr oder der Zuwendung mit seinem eigenen Lebensschicksal zusammentrafen (Abstiegsängste, Antimarxismus, Antisemitismus[215], Demokratie-Verdrossenheit, «Dolchstoß», Führersehnsucht, großdeutsche Lebensraumgedanken); und daß seine Redekunst Übelstände und Affekte schlagwortartig vereinfachte und die, die Schuld haben sollten, anprangerte. Bündeln läßt sich alles in der Parole «Deutschland erwache!», die er für sehr viele geradezu verkörperte.

12. In Weimars Krise erwies Hitler sich als der stärkste Wille. Seinem Geschick und seinen Methoden waren die Konkurrenten, vor allem diejenigen mit Denkweise, Erziehung, Umgangsformen des Bürgertums, unterlegen.

Trotz alldem mußte die Entwicklung nicht von Anbeginn zwingend auf Hitler zulaufen. Alle genannten Gründe reichten doch nicht aus, ihm 1928 mehr als zwölf Mandate zu verschaffen. Bis 1929 wird der Geschichtsverlauf als offen zu bezeichnen sein. Weimar glich bis dahin, mit Golo Manns Vergleich, einem Organismus, der schwere Krankheiten immer wieder gemeistert hatte. «Kommt es aber zur letzten Krise, so wird auch seine frühere Krankheitsgeschichte sich geltend machen ... Als dann der zweite Wirtschaftsruin kam und alle Furien der Demagogie losbrachen – da war es zuviel.»[216]

So wenig Hitler aus der jüngeren deutschen Geschichte unvermeidlich herzuleiten ist und «kommen mußte», so wenig ist zu übersehen, daß spätestens in der weimarischen Zerrüttung eine Interessengemeinschaft starker gesellschaftlicher Gruppen und seiner Person entstand. Hitler, aus der Summe der machtfördernden Tendenzen so nur in Deutschland und so nur in jener Zeit möglich und so nie wieder möglich – Hitler war von da an nicht mehr zu vermeiden.

Innenpolitik

Keine Woche war seit dem Ermächtigungsgesetz vergangen, da befahl Hitler zum 1. April einen Boykott jüdischer Geschäfte, wegen angeblicher *Lügen und Verleumdungen* im Ausland *von geradezu haarsträubender Perversität.*[217] *Kein guter Deutscher,* so hieß es in dem Aufruf an alle Parteiorganisationen, *kauft noch bei einem Juden oder läßt sich von ihm und seinen Hintermännern Waren anpreisen. Der Boykott ... wird vom*

Ende der zwanziger Jahre   *1935*

ganzen Volk getragen und muß das Judentum an seiner empfindlichsten Stelle treffen.[218] Mag der Aufruf auch in Teilen von Goebbels formuliert sein, der Wortlaut war Hitler geistig eng verwandt und erinnert an die altösterreichischen Parolen «Kauft nichts bei Juden!».

Äußerlich hatte Hitler Tatsachen für sich, die ihm sein Auftrumpfen erleichterten. Gehetzt wurde tatsächlich. Der «Central-Verein deutscher Staatsbürger jüdischen Glaubens» schrieb zwei Tage vor dem Boykott, der dann unblutig verlief (*Krümmt auch weiterhin keinem Juden auch nur ein Haar!*[219]), in seinem Organ, der «C.V.-Zeitung»: «Eine zügellose Greuelpropaganda gegen Deutschland tobt in der Welt.» Die deutschen Juden zeigten sich darüber betroffen und verwahrten sich zugleich gegen Hitlers Vorwurf: ... *verantwortlich für diese Lügen und Verleumdungen sind die Juden unter uns. Von ihnen geht diese Kampagne ... gegen Deutschland aus.*[220] Rührend ist anzusehen, wie die deutschen Juden ihre

Loyalität hervorhoben und bitter klagten, daß man ihnen im eigenen Land, für das 12000 von ihnen gefallen seien, nicht glauben wolle. Mit der «Pflege unbeirrter deutscher Gesinnung» war es ihnen so ernst, wie umgekehrt ihre deutschen Feinde diese Treue und Heimatgebundenheit nicht wahrhaben wollten und in ihrem verhetzten Irrglauben, daß die Juden «ein fremdes Volk» seien, wohl auch nicht wahrnehmen konnten.

Die Flut von Gesetzen, der Energiewirbel des neuen Regimes, das sich seiner Steigbügelhalter bald entledigte, zeigte einen höchst charakteristischen Dualismus: zwischen beliebtmachenden, vertrauenweckenden und gemeinschaftsfördernden Neuerungen einerseits und der gleichzeitigen Bekämpfung und Beseitigung all dessen, was der so gedachten *Auferstehung unseres Volkes* nach *14 Jahren des Verfalls*[221] hinderlich war. Es begann mit der Errichtung der ersten Konzentrationslager (die man anfangs noch vorzeigte), dem Boykott jüdischer Geschäfte, der Entlassung «nichtarischer» Beamter und der «Gleichstellung» (Gleichschaltung) der Länder mit dem Reich. Dann gelang die wirkungsvolle Proklamation des «Feiertages der Arbeit». Worum die Arbeiterschaft 70 Jahre gekämpft hatte, hier bekam sie ihn geschenkt, den 1. Mai. (*Deutsches Volk! Du bist stark, wenn Du eins wirst, wenn Du den Geist des Klassenkampfes und Deiner Zwietracht aus Deinem Herzen reißest.*[222]) Am 2. Mai wurden die Gewerkschaften verboten, und die «Deutsche Arbeitsfront» als Zwangsorganisation von Arbeitgebern, Arbeitern und Angestellten wurde kurz darauf gegründet. Dieser 10. Mai erlebte zugleich die öffentliche Verbrennung «undeutscher Bücher», aber auch das erste Gesetz gegen die Arbeitslosigkeit.

Im Juli untersagte ein Gesetz die Neubildung von Parteien, nachdem die bisherigen sich mit Ausnahme der NSDAP selber aufgelöst hatten und die SPD verboten worden war. Im selben Monat Juli zwang das Konkordat des Reiches mit der Kurie die deutsche katholische Kirche in wohlwollende Neutralität, und man sah sogar katholische Würdenträger mit dem Hitlergruß. Im September eröffnete Hitler die «Arbeitsschlacht» mit dem «ersten Spatenstich» an der zu bauenden Autobahn Frankfurt–Heidelberg (eine «allererste» Autobahn Köln–Bonn hatte der Kölner Oberbürgermeister Adenauer 1932 eröffnet). Die Zielsetzung «ähnlich dem Dammbau-Projekt in Goethes Faust»[223], verführte den Großorganisator zu Ausblicken im Pharaonenstil: ... *monumentale, ich möchte sagen, Ewigkeitswerte in sich tragende Arbeiten ... Bau dieses größten Straßennetzes der Welt ...* [224] Unmittelbar danach neue politische Wechselbäder: Die parteigeförderte Glaubensbewegung der «Deutschen Christen» leitete bei den unabhängigen evangelischen Geistlichen die Gegenformation der «Bekennenden Kirche» ein; das Reichserbhofgesetz feierte «Blut und Boden» und adelte die Scholle; das Schriftleitergesetz fünf Tage später drängte die Juden nun auch aus der Publizistik heraus.

Der Nationalsozialismus läßt sich für Deutsche und von Deutschen, fünfzig und vierzig Jahre danach, nicht so unbefangen beschreiben wie die assyrische oder römische Geschichte. Der Historiker, wenngleich zu höchstmöglicher Objektivität aufgerufen, kann auch nicht für Augenblikke vergessen, wohin die feierlichen Versprechungen und großen Gesten zuletzt geführt haben. Dennoch haben wir uns in die Unbequemlichkeit zu finden, anzuerkennen, daß damals ein Stimmungsruck von Aufbruch und Zuversicht durch große Teile der Bevölkerung lief. Ohne solche Bereitschaft, allein mit «Maßnahmen», hätten sich nicht so schnell Erfolge eingestellt. Technisch-instrumental wurden sie auf dem Wege erreicht, daß der Staat Arbeit um den Preis rücksichtsloser Verschuldung beschaffte, bei zentralisierter und weithin autarker Wirtschaft und eingefrorenen Preisen und Löhnen. Mit den Methoden, die vorrangig Reichsbankpräsident Schacht verantwortete und die die spätweimarer Regierungen nicht gewagt hatten, sank die Arbeitslosenzahl 1933 um ein Drittel auf vier Millionen; ein relativ sehr großer Prestigeerfolg. (Die Wiedereingliederung dieser zwei Millionen gelang auf «zivile» Weise, nicht durch Aufrüstung.[225]) Die brutalen Eingriffe in die Institutionen und in die Rechte von Minderheiten wurden vielfach gleichgültig hingenommen als Überwindung dessen, was am vorherigen Unglück schuld gewesen sei.

Am ersten Jahrestag der Kanzlerberufung stellte Hitler zufrieden fest: *Was sich in dieser kurzen Spanne Zeit vor unser aller Augen vollzog, war noch am Vorabend des denkwürdigen 30. Januar 1933 von der sicher überwiegenden Mehrheit unseres Volkes ... als phantastische Utopie angesehen und bezeichnet worden ... Eine furchtbare Not schrie um Abhilfe. So, daß die Stunde nur des Willens harrte, der bereit war, den geschichtlichen Auftrag zu vollstrecken.*[226] Bescheidenheit war Hitlers Sache nicht, aber die Abgeordneten des nunmehr nur noch dekorativen Reichstags lächelten auch nicht, denn die großen Worte, hallend, erzen und immer welthistorisch, erfüllten Bedürfnisse spätnationalistischer Zeit. Außerdem waren ja Leistungen tatsächlich vollbracht.

Männer des Deutschen Reichstags!, so fuhr Hitler in seiner Erfolgsbilanz fort: *So groß die Ergebnisse des Jahres der nationalsozialistischen Revolution und Staatsführung sind, so ist doch noch bemerkenswerter die Tatsache, daß diese große Umwälzung in unserem Volk stattfinden konnte erstens in einem geradezu blitzschnellen Tempo und zweitens fast ohne jedes Blutvergießen.*[227]

Diesen Tribut reichte er seiner Machtfestigung im Sommer 1934 nach: mit der Beseitigung Röhms und anderer Widersacher. Wo noch der Ausdruck Röhm-Putsch oder *Röhm-Revolte*[228] verwendet wird, erhält sich zäh die NS-amtliche Version. Röhm, seinem Führer treu ergeben, hat dergleichen nicht geplant. Wohl aber mißfiel ihm der Gang der Dinge ganz entschieden, und das gleiche empfand sein Duzfreund aus entgegengesetzter Sicht. Die Röhm-Affäre war die Tragödie einer Privatarmee, die ihrem Oberherrn die Macht hatte gewinnen helfen und nun wie ein abgebrauchtes Versatzstück hinter der neuen Kulisse stand. Die SA wünschte – in verschwommenen Umrissen – weitere Revolutionierung; Hitler statt dessen, wenn er nicht gerade vor Alten Kämpfern in eine unverbindliche Kameraderie verfiel, verlangte Beruhigung: *Die Revolu-*

Ernst Röhm und
Heinrich Himmler
(dahinter)

tion ... darf sich nicht zu einem Dauerzustand ausbilden. Man muß den freigewordenen Strom der Revolution in das sichere Bett der Evolution hinüberleiten (6. Juli 1933).[229]

Als die Geheime Staatspolizei – Göring, Himmler, Heydrich – Material über rebellisches Verhalten der SA «nachhelfend» zusammenträgt, schlägt Hitler, immer bereit zu glauben, was er glauben will, nach Tagen systematisch gesteigerter Selbstverfinsterung entschlossen zu. Während Röhm sein Millionenheer mit der Parole: «Die SA ist und bleibt das Schicksal Deutschlands»[230], in den Urlaub geschickt hat, wird der ahnungslose Condottiere von seinem Kampfgefährten in Bad Wiessee aus dem Bett geholt mit der Begrüßung: *Du bist verhaftet!*[231] Er bringt ein verschlafenes «Heil, mein Führer!» hervor. Hitler, der sich *in dieser Stunde ... verantwortlich* sieht *für das Schicksal der deutschen Nation* als *des deutschen Volkes oberster Gerichtsherr*[232], befiehlt Erschießungen nach vorbereiteten Listen. Mindestens 83 (offiziell: 76) Opfer fordert die Mordaktion, darunter General von Schleicher und Gregor Strasser. Bei Röhm scheint Hitler sich zu bedenken. Erst nach 36 Stunden legen ihm drei SS-Männer – eine grelle Szene der Machtverschiebung im Dritten Reich – eine Pistole auf den Zellentisch in München-Stadelheim. Die Öffentlichkeit liest am nächsten Tag: *Dem ehemaligen Stabschef Röhm ist Gelegenheit gegeben worden, die Konsequenzen aus seinem verräterischen Handeln zu ziehen. Er tat das nicht und wurde daraufhin erschossen*[223]; sterbend röchelte er: «Mein Führer, mein Führer».[234]

Vor dem Reichstag bemühte sich Hitler am 13. Juli 1934, in einem dramatischen Protokoll die Abgeordneten noch nachträglich vor der abgewendeten Gefahr eines staatsbedrohenden Komplotts erschauern zu lassen (*... blutige Erhebung ... Die Nacht der langen Messer ... die Beseitigung meiner Person ...*[235]), wobei er jetzt auch nicht mehr zögerte, Röhm und seine SA-Freunde wegen ihrer *bestimmten gemeinsamen Veranlagung* gegenüber den *normalen Auffassungen eines gesunden Volkes*[236] verächtlich zu machen; früher hatte er Röhms ausschweifendes Privatleben ausdrücklich gedeckt.

Am 20. Juli erhob Hitler die SS *im Hinblick auf die großen Verdienste, besonders im Zusammenhang mit den Ereignissen des 30. Juni 1934 ... zu einer selbständigen Organisation im Rahmen der NSDAP*[237]. An die Stelle der grob-biederen Straßenkämpfer-Organisation, die fortan unter dem fügsamen Viktor Lutze keine Kraft mehr, nur noch ein Farbton war, trat der leise funktionierende, auslesebewußte Orden unter dem Totenkopf. Bald durchwucherte er den Staat wie ein Krebsgeschwür. Hatte der Förderer der SS damit auch sich selber eine gefährliche Gegengröße an den Thron geholt? Zum letztenmal stellt sich uns die Frage der Macht: Wie stand es – nach der frühen Eroberung der Partei durch Hitler, nach dem Gewinn der Herrschaft über den Staat – nun um die Kräfteverhältnisse innerhalb des Regimes? Zu antworten ist, daß Hitler sich als durchaus nicht allenthalben lenkender, wohl aber entscheidender Wille des Dritten Reiches bis zuletzt, bis in die apokalyptischen Bunkertage von Berlin, nicht in Frage stellen ließ. Nachweisbare Illoyalität seitens seiner Granden erfuhr er bis ganz kurz vor dem Ende nicht (nur militärischen Widerstand, den er mit deren Hilfe niederschlug und grausam rächte). Der Nationalsozialismus, der ein «Hitlerismus» war[238]: bietet er aber nicht dennoch den Eindruck einer kompetenzwirren Polykratie, einer Hydra einander entgegenarbeitender und lähmender Herrschaftskreise? Nirgends anschaulicher paßt auf die Vielgestalt das uralte Machtprinzip des «Teile und herrsche». Hitler, an der Innenpolitik uninteressiert, überließ sie weithin den «Dschungelkämpfen der Satrapen»[239], aber nichts Grundlegendes in den zwölf Jahren ereignete sich ohne seine Zustimmung oder gegen seinen Willen.

Hitler hatte Zeit. Obwohl er nach dem Tode Hindenburgs im August 1934 und der konfliktlosen Neuverpflichtung der Reichswehr auf den «Führer und Reichskanzler» vier Büros unterhielt – Führer-, Präsidial-, Reichs- und Parteikanzlei –, entzog er sich so oft wie möglich der lästigen Routine, wobei in Kurzweil und Leerlauf neue Staatsaffären reiften bis zu überfallartigem Tatzwang.

Viel war er auf dem «Berghof» bei Berchtesgaden. Die Welt kannte nur das schreitende Denkmal, die gereckte Staatsmannspose; privat gab er sich leger, hausväterlich, Frauen gegenüber zuvorkommend und nachgiebig. Auf dem Berghof wohnte Eva Braun, die er 1929 als Siebzehnjährige im Atelier Heinrich Hoffmanns kennengelernt hatte: vom Typ her das «frische Mädel». Dame des Hauses war sie nur inoffiziell, trat daher bei Repräsentationsanlässen nicht auf. Nur die Privatrunde, die Vertrauten, kannten sie. Nach außen drang wenig. Die Zwecklegende duldete keine Gefährtin neben dem von Pflichten aufgezehrten Führer des Reiches. Außerdem: *Eva ist zu jung, zu unerfahren, um eine «Erste Dame» zu sein,* sagte er noch im Krieg. *Sie ist jedoch die einzige Frau in meinem Leben*

Eva Braun

(Geli Raubal hatte 1931 aus ungeklärten Gründen Selbstmord begangen), *und wenn ich mich nach dem Krieg nach Linz zurückziehe, wird sie meine Frau.*[240]

Bei Reisen über Land mißachtete der Diktator, trotz vieler Feinde, die umfangreichen Sicherheitsvorkehrungen und badete in der Menge. Das war sowohl die Anstandspflicht des Volkstribunen als auch Ausdruck der Spielernatur, die immer wieder das Existenzrisiko einging. *Ich habe mein Leben tausendmal riskiert, und ich verdanke mein Überleben einfach meinem Glück.*[241] Er achtete sein Leben gering, obwohl er es zu schützen suchte.[242] Albert Speer beschreibt, wie es ihm unterwegs mit seinem Bauherrn erging. Solche Deutschland-Fahrten im offenen Sieben-Liter-Mercedes und mit einem Begleitwagen waren jedesmal ein «Huldigungsrausch»[243]. *So wurde nur ein Deutscher bisher gefeiert: Luther! Wenn er über das Land fuhr, strömten von weitem die Menschen zusammen und feierten ihn, wie heute mich!*[244]

So sprach er wenige Monate nach dem kalten Massaker an der SA-Führung. Das Volk zeigte sich davon unberührt. Von den brutalen und grausamen Taten des Regimes auf die Temperatur im Lande zu schließen, wäre völlig falsch. Das ist das Irritierende bei der Betrachtung dieser Diktatur, die eine der bösesten der Weltgeschichte war. Außer bei Verfolgten oder nachdenklichen Minderheiten bestand nicht jene Atmosphäre der

Furcht und immerwährenden Unsicherheit, wie sie in der Sowjet-Union unter Stalin das ganze Land erfaßte. Das unterscheidet beide Systeme im Klima. Hier wurden zwar nicht die aufgeputzten Würdenträger der Partei, die «Goldfasane», geschätzt, aber auf Hitler ließ die Mehrheit nichts kommen. Sogar von erkanntem Unrecht nahm das landläufige Urteil ihn schützend aus. Dann hieß es höchstens bedauernd: «Wenn das der Führer wüßte!» Die Antwort auf die liebevolle Unterstellung der Ahnungslosigkeit hat er einmal privat erteilt: *Das ist dumm. Ich weiß alles.* [245]

Wo viele Ältere zögerten, die neue Zeit schön und groß zu finden, ging ihnen die Jugend voran. Sie verklärte den Mann, dessen Namen sie trug und der keine Gelegenheit ausließ, vor den Jungen und Mädchen auf die Größe der Zeit zu verweisen und sie in ihrem Selbstwert zu bestärken: *Noch nie in der deutschen Geschichte war einer jungen Generation ein so schönes Schicksal beschieden als euch. Ihr lebt als Jugend in einem jungen*

Hitler-Jugend

Reich, erfüllt mit einem freudigen Leben, mit einer starken Hoffnung, mit einer unzerstörbaren Zuversicht ... (April 1936) *Ihr seid für uns alle der weitaus größte Schatz, den es gibt. Ihr seid für uns alle das Unterpfand des Glaubens und der Hoffnung für unser Volk* (April 1937).[246]

Vergeblich mahnte der Vater der Geschwister Scholl: «Glaubt ihnen nicht, sie sind Wölfe und Bärentreiber, und sie mißbrauchen das deutsche Volk schrecklich.»[247] Die Geschwister, unter ihnen die später Hingerichteten, schlugen die Warnungen aus und reihten sich in die Hitler-Jugend ein. «War das nicht etwas Überwältigendes, diese Gemeinschaft?»[248] Solche Stimmungen, hier festgehalten an einem Symbolnamen des späteren Widerstandes, verwundern nicht. Die NS-Jugendführung bediente sich aller Elemente, nur gesteigert, die schon seit Jahrzehnten in der Wandervogel- und Bündischen Jugend vorgeformt waren: «auf Fahrt gehen», Entdeckung der Heimat, nationales Pathos unter Abkehr vom Alltag, Brauchtumspflege, Vergangenheitssehnsucht, Lagerfeuer mit klangvollen Liedern, Kameradschaft, Führertum, Abenteuer. Die Kindheit dieser

HJ-Generation, jetzt und danach im Krieg, «war aufregender als hundert Bonanzafilme zusammen» (Janßen) [249].

Den der Altersstufe eigenen Sinn für Romantik nutzte Reichsjugendführer Baldur von Schirach, selber noch sehr jung und selber ergriffen, und stimmte die ganze Bewegung fanatisch auf den Namengeber ein. In Massenversammlungen von hunderttausend uniformierten Jugendlichen wurden mystische Vereinigungsrituale unter nächtlichen Lichtdomen zelebriert. Auf dem Höhepunkt trat Hitler, durch Schirach gefeiert wie ein Erlöser, in den Scheinwerferkreis: *Wenn ich euch, erfüllt vom glücklichsten Empfinden, ansehe ... dann weiß ich: Mein Lebenskampf ist nicht umsonst gekämpft worden, das Werk ist nicht umsonst getan!* [250] Wen von den Zehn- bis Achtzehnjährigen ließ das unberührt? Daß sie dann verraten wurden, hat sie freilich für ihr weiteres Leben gegen große Worte empfindlich gemacht.

Der Verrat kam Schritt für Schritt. Die meisten nahmen ihn erst wahr, als alles in Trümmer fiel und Deutschland von seiner wieder imposanten Höhe in die zweite, viel größere Katastrophe stürzte und millionenfacher Mord sich enthüllte. Begonnen aber hatte der Verrat am Tag der Machtübernahme: insofern, als durch Ausschluß bestimmter Gruppen aus der proklamierten Volksgemeinschaft willentlich und systembedingt gegen den Geist menschlicher Gesittung und Friedenspflicht, auf den Hitler vereidigt worden war, verstoßen wurde. Die Volksmehrheit übersah und entschuldigte das Messen mit zweierlei Maß: Zuerst, weil ihr andere Sorgen

näher standen, danach, weil diese Sorgen in überraschender Schnelle vermindert wurden. So verlief die Entwicklung ungestört auf zwei Gleisen; hier: ermutigende Wiederbeschäftigung und schwelgerische Selbstdarstellung, gleichsam «Brot und Spiele», dort: das Abseits- und Hinausdrängen der Unerwünschten. Das waren, seit es die politischen Hauptgegner KPD und SPD als spürbare Kraft nicht mehr gab, die fünfhunderttausend deutschen Juden. Und weil ihr in Jahrhunderten des Ghettozwanges gestauter Intellekt sich seit dem 19. Jahrhundert das Geistesleben, die Wirtschaft, die akademischen Berufe in allen Zweigen zugeeignet hatte und weil seither viele Positionen in der Gesellschaft überrepräsentativ in jüdischen Händen waren, erwuchsen Mißgunst, Konkurrenzdruck; weite Kreise gönnten ihnen «einen Nasenstüber» (Haffner[251]). Daß weit Schlimmeres daraus wurde, haben die meisten nicht gewollt. Aber sie haben auch nicht protestiert, teils aus Angst, teils aus Unwissen und teils aus beidem.

Mit dem 15. September 1935 wurde es für sie in ihrer Heimat ernster. Die «Nürnberger Gesetze» untersagten Eheschließungen zwischen Juden und Staatsangehörigen «deutschen oder artverwandten Blutes». Da eine praktikable biologische Aussonderung mangels eindeutiger Rassekriterien versagen mußte, konnte allein die Glaubenszugehörigkeit entscheiden; womit Hitlers Eichmaß für die Bestimmung der Juden – sie seien Rasse und nicht Religionsgemeinschaft – beim ersten Gebrauch den Dienst verweigerte.

Nach einstimmiger Annahme des Gesetzes «zum Schutze des deutschen Blutes und der deutschen Ehre» im Reichstag verstieg der Haupturheber sich zu dem Satz: *Sie haben jetzt einem Gesetz zugestimmt, dessen Bedeutung erst nach vielen Jahrhunderten im ganzen Umfang erkannt werden wird.*[252] Vielschichtig, wie dieser Mann war, konnte er gelegentlich ein persönliches Treueempfinden dem Kollektivhaß überordnen. Wir sahen es schon bei dem Arzt seiner Mutter, Dr. Bloch. Jetzt gerade kam heraus, daß einer der dienstältesten Leibgardisten, Emil Maurice, nicht «rein arisch» war. Himmler verlangte Ausschluß aus der SS. Hitler entschied aber, *daß in diesem einzigen Ausnahmefall Maurice . . . da er . . . und die ganze Familie Maurice in den ersten, allerschwersten Monaten und Jahren der Bewegung mit seltener Tapferkeit und Treue dienten, in der SS verbleiben könne.*[253] Himmler fügte sich mit deutlichem Widerstreben. Hitlers Verstoß gegen seine eigenen Spielregeln, Görings persönliche Schutzbriefe nach dem Motto: «Wer Jude ist, bestimme ich», und zahllose andere Ausnahmen änderten nichts daran, daß sich nun in immer schnellerer Schrittfolge zu erfüllen begann, was Romain Rolland 1909 in seinem Romangebirge «Jean-Christophe» aussprechen läßt: «Wenn das Unglück es wollte, daß man die Juden aus Europa verjagte, so würde dieses an Intelligenz und Tatkraft verarmt zurückbleiben . . .»[254]; wobei nur einzuschränken ist, daß Rolland sich als Schlimmstes eine Wanderbewegung nach traditionellem Muster vorstellte. Es kam aber viel schrecklicher. Denn nicht viele Juden konnten es sich leisten zu emigrieren, und auch gegen die Minderzahl sperrten sich die meisten Länder auf der Flüchtlingskonferenz von Évian 1938, am heftigsten jene mit viel Platz: Vereinigte Staaten, Kanada, Australien. Angesichts der traurig-beschämenden Einmütigkeit in den Ausreden empfand Golda Meïr, als Beobachterin aus Palästina nach Évian geschickt, «eine Mischung aus Kummer, Wut, Frustration und Grauen»[255]. Die jüdische Katastrophe in Europa, diese Tragödie des modernen Geistes, der sich einst durch die Aufklärung im Zeitalter Lessings und Goethes zur Toleranz geläutert hatte, ist ohne das Versagen der Regierungen und Administrationen der zivilisierten Welt besonders Außereuropas nicht vollgültig zu beschreiben.

Hitler ließ sich die Gelegenheit nicht entgehen, den Ländern des Westens Heuchelei vorzuwerfen. *Man beklagt in diesen Demokratien die unermeßliche Grausamkeit, mit der sich Deutschland – und jetzt (1938) auch Italien – der jüdischen Elemente zu entledigen versuchen . . . Aber nicht, um nun endlich . . . die heuchlerische Phrase durch eine hilfreiche Tat zu ersetzen, sondern im Gegenteil, um eiskalt zu versichern, daß dort selbstverständlich kein Platz sei! Sie erwarten also, daß Deutschland mit 140 Menschen auf dem Quadratkilometer ohne weiteres das Judentum weiter erhalten könne, aber die demokratischen Weltreiche mit nur ein paar Menschen auf dem Quadratkilometer eine solche Belastung unter keinen Umständen auf sich nehmen könnten. Hilfe also keine. Aber Moral!*[256]

So blieb den Juden, nach einem galligen jüdischen Witz, nichts übrig, als, dem Bandwurm gleich, sich durch die braunen Massen zu schlängeln und darauf zu warten, abgeführt zu werden.[257] Nur hundertsiebzigtausend wanderten aus, rund ein Drittel. Die Etappen der Entrechtung müssen Monographien vorbehalten bleiben: vom Verbot, sich auf öffentliche Bänke zu setzen, bis zum organisierten Pogrom der «Reichskristallnacht», vom Ausschluß jüdischer Kinder aus staatlichen Schulen bis zum Verlust des Mieterschutzes, vom Entzug der ärztlichen und Anwalts-Zulassung bis zum tragbaren Pranger, dem gelben Stern. Wenn Hitler bei alldem fertigbrachte zu sagen: *Der heutige deutsche Volksstaat kennt keine gesellschaftlichen Vorurteile* (30. Januar 1939[258]), so standen die Diskriminierungen dazu, subjektiv, nicht im Widerspruch. Für ihn gehörten die Juden eben nicht zum deutschen Volksstaat, waren nur Störungen im gesunden Organismus, die es zu beseitigen galt. Schon erging am selben Tag die unverhüllte Drohung: *Ich bin in meinem Leben sehr oft Prophet gewesen und wurde meistens ausgelacht ... Ich will heute wieder ein Prophet sein: Wenn es dem internationalen Finanzjudentum in und außerhalb Europas gelingen sollte, die Völker noch einmal in einen Weltkrieg zu stürzen, dann wird das Ergebnis nicht die Bolschewisierung der Erde und damit der Sieg des Judentums sein, sondern die Vernichtung der jüdischen Rasse in Europa.*[259]

Was später «Endlösung» heißen wird, steht von hier an unheilkündend im Raum.

Außenpolitik

An jenem 30. Januar 1939, nach sechs Jahren Machtbesitz, stand Hitler außenpolitisch stärker als Bismarck da. Er hatte dieses erstaunliche Resultat mit Verstößen gegen Verträge und mit starkem Druck erreicht, aber ohne Krieg. Wo Stresemann um kleine Zugeständnisse vergeblich gerungen hatte, war diesem hier alles zugefallen, obwohl es um viel größere Einsätze ging. Die veränderten Umstände begünstigten ihn: die Uneinigkeit der Westmächte, das «schlechte Gewissen von Versailles», ein an sich zweifelndes Frankreich, ein pazifistisches England, ein durch «Säuberungen» geschwächtes Rußland, objektiv kritikwürdige deutsche Volkstumsprobleme in Ostmitteleuropa, die Diktatoren-Freundschaft des Führers und des Duce und: Selbstvertrauen, welches Herausforderungen, starke Worte und ernste Schritte nicht scheute. Daß Demokratien, so schwach sie sich oft gegenüber der Willenseinheit in den Monokratien zeigen, auch kämpfen können und dann sogar den längeren Atem haben, hat Hitler unterschätzt, und daran, mit, ist er zugrunde gegangen.

Sein erster (passiver) außenpolitischer Erfolg – wir können ihn nur die wichtigsten Begebenheiten kommentieren lassen – war die Rückkehr des

Saarlandes 1935. In der Volksabstimmung unter Kontrolle des Völkerbundes, wie vorgeschrieben fünfzehn Jahre nach Inkrafttreten des Versailler Vertrages, wünschten 91 Prozent die Wiedervereinigung. Bei aller natürlichen Treue zum Stammesverband von Geburt und Sprache war die Vertrauensbekundung für das «neue Deutschland» nicht zu verkennen. Der Kommentar von höchster Stelle: *Ein 15jähriges Unrecht geht seinem Ende entgegen! ... Um so größer ist unser Stolz, daß nach 15jähriger Vergewaltigung die Stimme des Blutes am 13. Januar 1935 ihr machtvollstes Bekenntnis aussprach! ... Eure Entscheidung, deutsche Volksgenossen von der Saar, gibt mir heute die Möglichkeit ... die Erklärung abzugeben, daß nach dem Vollzug eurer Rückkehr das Deutsche Reich keine territorialen Forderungen an Frankreich mehr stellen wird!*[260]

Die Friedensbeteuerungen nach jedem neuen Ausgreifen über die Grenzen, ob legal oder illegal, täuschten die Welt lange und ließen Hitler, dessen Ansprüche sich ja eine ganze Weile im Rahmen des Vertretbaren, Hinzunehmenden, bewegten, nicht so gefährlich erscheinen, wie er war. Auch 1936 nach dem Einmarsch ins entmilitarisierte Rheinland – Bruch des Locarno-Vertrages – beeilte er sich, *den rein defensiven Charakter dieser Maßnahmen außer Zweifel zu stellen* und der *ewig gleichbleibenden Sehnsucht nach einer wirklichen Befriedigung Europas zwischen gleichberechtigten und gleichgeachteten Staaten Ausdruck zu verleihen.*[261]

Nach der Lösung solcher Randprobleme, und nachdem er durch die glanzvolle Ausrichtung der Olympischen Spiele 1936 in Berlin international hoffähig geworden war, schritt Hitler zu den größeren Taten. *Deutschösterreich muß wieder zurück zum großen deutschen Mutterlande ... Gleiches Blut gehört in ein gemeinsames Reich,* hatte *Mein Kampf* 1925 auf der ersten Seite verkündet. Der deutsche und österreichische Vereinigungswunsch war durch die Pariser Vorortverträge unmöglich gemacht worden. Jetzt, im Zuge seiner Revisionspolitik, die beim Legalitätseid schon öffentlich vorausgesagt worden war, holte Hitler sich einfach seine Heimat. Wieder geschah es am Wochenende. Die «Samstagsüberraschungen»[262] behinderten die politische Meinungsbildung in den Metropolen des Westens. Aber selbst in der Wochenmitte hätte man «Versailles» dort keine Träne nachgeweint und nicht mit erbostem Zeigefinger den Artikel 80 des Vertrags in Erinnerung gerufen («Deutschland anerkennt die Unabhängigkeit Österreichs ...»). Die politische Temperatur Europas hatte sich grundlegend geändert, und Hitler nutzte dies kaltblütig aus – leider bald über den kritischen Reizpunkt hinweg.

Der «Anschluß» wurde auch «Blumenkrieg» genannt, woran Österreich sich nach 1945, zum zweitenmal mitbesiegt, nicht gern erinnerte. Zugleich hörte Österreich auf, eine Freiheitsstätte deutschstämmiger Juden zu sein; sie jubelten nicht. Beim Einzug in Wien fand der umbrauste Triumphator wieder einen besonders theatralischen Redeschluß: *Ich kann somit in dieser Stunde dem deutschen Volk die größte Vollzugsmeldung meines Lebens abstatten. Als der Führer und Kanzler der deutschen Nation und des Reiches melde ich vor der Geschichte nunmehr den Eintritt*

Mussolini

meiner Heimat in das Deutsche Reich.[263] In stramm grüßender Haltung
mußte er sich in diesem Moment tatsächlich vor der Geschichte haben
stehen sehen, als sei sie eine personifizierte weltleitende Instanz.

Um die Reaktion der Westmächte hatte Hitler sich nicht gesorgt, wohl
aber um Mussolinis Verhalten; denn nun grenzte das großmächtig-unbe-
rechenbare Deutschland ohne soliden Alpenpuffer direkt an Italien. Als
des Duce Zustimmung übermittelt wurde, fiel eine Last von ihm: *... ich
werde ihm das nie vergessen, nie, nie, nie, es kann sein, was will.* Und ließ
wissen: *Wenn er jemals in irgendeiner Not oder irgendeiner Gefahr sein
sollte, dann kann er überzeugt sein, daß ich auf Biegen und Brechen zu ihm
stehe ...*[264]

Der Blankoscheck kam Deutschland teuer zu stehen. Zunächst aber
half der südliche Diktator dem nördlichen, indem er die von Chamberlain
erbetene Vermittlung in der Sudetenkrise zu seinen Gunsten nutzte. Der
bisher ernsteste außenpolitische Interessenzusammenstoß auf Hitlers
Weg, den er *mit traumwandlerischer Sicherheit*[265] zu gehen beanspruchte,

bot ihm insoweit Rechtsgründe, als die Sudetendeutschen als Bürger zweiter Klasse im tschechischen Nationalstaat lebten. Andererseits stellten die deutsch-böhmischen Nationalsozialisten unter Konrad Henlein auf Weisung Hitlers Forderungen, deren Erfüllung der tschechische Nationalstolz nicht zuließ. So konnte der britische Sonderbotschafter Lord Runciman seiner Regierung angesichts der versteiften Haltung der Tschechen nur die Trennung der Volksteile vorschlagen.

Als der Premierminister zu Hitler flog, brachte er deshalb schon eine im Grundsatz nachgiebige Haltung in die Gespräche ein, bei denen Hitler drohte: *Ich lasse mir das nicht länger bieten. Ich werde in kürzester Frist diese Frage – so oder so – aus eigener Initiative regeln.*[266] Wie wenig er damit bluffte, wie ernst es ihm war, wußten nur die deutschen Militärs. Am 30. Mai dieses Jahres hatte er die Weisung «Grün» erteilt: *Es ist mein unabänderlicher Entschluß, die Tschechoslowakei in absehbarer Zeit durch eine militärische Aktion zu zerschlagen.*[267] Eben deshalb war der deutsche Generalstabschef Beck vor kurzem zurückgetreten. Er wollte eine nationalsozialistische Kriegspolitik, die notwendig die Westmächte in den Kampf hineinziehen mußte, nicht mittragen. «Ein endgültiger deutscher Sieg ist eine Unmöglichkeit.»[268] Damals formierte sich zum erstenmal eine militärische Fronde gegen Hitler. Sie wollte losschlagen, sobald der Führer den Befehl zum Einmarsch geben würde. Er gab ihn nicht, denn Chamberlain und Daladier ließen ihre tschechischen Freunde auf der Münchner Konferenz fallen und zwangen sie praktisch, um den Frieden zu erhalten, zur sofortigen Abtretung der Sudetengebiete mit drei Millionen Volksdeutschen.

Die dramatische Lage entspannt sich, aber die Konstellation ist grotesk im Gefühlswiderstreit der Beteiligten: Der britische Premierminister schwenkt auf dem Londoner Flughafen freudig das Münchner Abkommen mit den Worten: «Peace for our time» und bekommt Zehntausende Dankesbriefe; Hitler schimpft: *Chamberlain, dieser Kerl, hat mir meinen Einzug in Prag verdorben*[269]; die deutschen Verschwörer sind verzweifelt über das Glück dieses Menschen, und werden sich von diesem Rückschlag nie mehr wirklich erholen[270]; die Deutschen und besonders die Sudetendeutschen jubeln; die Regierung Eduard Beneš' in Prag aber weiß: ihr Rumpfstaat kann nicht mehr lange leben.

Noch verbreitete Hitler Friedenswillen. Wenige Tage, bevor deutsche Panzer mit internationaler Billigung über die tschechoslowakischen Grenzen rollten, beruhigte er das friedenswillige Europa im Berliner Sportpalast mit den Worten: *Ich habe ihm* (Chamberlain) *versichert und wiederhole es hier, daß es – wenn dieses Problem gelöst ist – für Deutschland in Europa kein territoriales Problem mehr gibt!* Und: *Wir wollen gar keine Tschechen.*[271]

Im März 1939 stand Hitler als Herrscher der «Rest-Tschechei» auf der Prager Burg.

Der Feldherr

Der Zweite Weltkrieg hatte zwei Eröffnungsdaten, ein unsichtbares und ein sichtbares, den verkündeten Entschluß und den Vollzug. Sieht man von fern zurückliegenden programmatischen Entwürfen ab, so war der 5. November 1937 der Tag, an dem der Krieg in Umrissen sichtbar wurde. Da informierte Hitler die Oberbefehlshaber der Wehrmachtteile sowie den Kriegs- und den Außenminister, es sei *sein unabänderlicher Entschluß, den Weg der Gewalt zu gehen*, um *die Erhaltung der Volksmasse und deren Vermehrung* zu sichern. *Somit handele es sich um das Problem des Raumes ... der hierfür notwendige Raum* könne *nur in Europa gesucht werden. Es handele sich nicht um die Gewinnung von Menschen, sondern von landwirtschaftlich nutzbarem Raum.*[272] In dieser berühmten Mitschrift des Obersten Hoßbach (Hoßbach-Protokoll), im Konjunktiv, werden als erste Ziele Österreich und die Tschechoslowakei genannt. Deren Einverleibung sollte spätestens 1943 bis 1945 geschehen.

Die Nahziele wurden schon bald nach der Geheimrede erreicht, ohne Krieg, so daß Hitler seine weiteren Schritte entscheidend beschleunigte. Sowohl der Eindruck, die Westmächte seien schwach und würden nicht kämpfen, leitete ihn dabei, als auch sein eigener, immer drängenderer Zeittakt. Hitler erscheint von 1938/39 an wie getrieben. «Spätestens seit 1937 war er überzeugt, ein ernsthaft krankes Herz zu haben.» Diese Vorstellung «beherrschte alles, was er seitdem dachte, plante und tat» (Maser[273]). Auch ein politisches und privates Testament wurden 1938 verfaßt.

Eine Idealchance, die Eigenstaatlichkeit Danzigs und den «Korridor» nach Ostpreußen, zwei klassische «Versailles»-Bestimmungen, aus der Welt zu schaffen und mit der Zerschlagung Polens ein Sprungbrett für die Landnahme im Osten zu gewinnen, bot ihm der Nichtangriffspakt mit den Sowjets im August 1939. Er glaubte mit Bestimmtheit, daß Englands Beistandsversprechen gegenüber Polen nicht eingelöst werden würde, nachdem Stalin als möglicher Mitschützer der polnischen Unversehrtheit ausgeschieden war. Der schlaue Georgier rechnete allem Anschein nach mit dem Gegenteil, erhoffte sich also geradezu, mit diesem Pakt das Tor zum Krieg aufgestoßen zu haben: Dann würden die Kapitalisten, zu denen er auch das Naziregime zählte, sich untereinander zerfleischen und Europa für die Weltrevolution reif werden lassen. Es war ein Teufelspakt, nicht nur wegen beiderseitiger Kriegshoffnungen, mit unterschiedlicher Zielrichtung, sondern auch wegen des geheimen Zusatzprotokolls. Es teilte

Hitler mit Hermann Göring

Ostmitteleuropa in Einflußsphären, «für den Fall einer territorial-politischen Umgestaltung», wie es verschleiernd-vielsagend hieß.[274] Das geheime Zusatzprotokoll ist bis heute in der Sowjet-Union und in den sozialistischen Ländern nicht veröffentlicht; den Freibrief zur vierten Teilung Polens bringt man nicht gern unters Volk.

Indem so der Krieg, den Hitler nach seinem Lebensentwurf haben will und muß, nach Osten hin diplomatisch abgesichert ist, setzt er ihn unverzüglich in Gang. *Seit 5 Uhr 45 wird jetzt zurückgeschossen*[275], ruft er am 1. September 1939 vor dem Reichstag aus, anspielend auf angeblich fortwährende polnische Übergriffe. *Ich will jetzt nichts anderes sein als der erste Soldat des Deutschen Reiches! Ich habe damit wieder jenen Rock angezogen, der mir selbst der heiligste und teuerste war. Ich werde ihn nur ausziehen nach dem Sieg, oder ich werde dieses Ende nicht mehr erleben!*[276]

Das klingt wohl mehr als nur zufällig nach der Ansprache Friedrichs des Großen an seine Offiziere vor der Schlacht bei Leuthen. Er ernennt für den Todesfall Göring zum Nachfolger und schleudert sein Bekenntnis in den Saal: *Ein Wort habe ich nie kennengelernt, es heißt: Kapitulation … Ein November 1918 wird sich niemals mehr in der deutschen Geschichte wiederholen!*[277] Er mag hier denken, er fülle mit goldener Feder Seiten im Buch der Geschichte. Zwei Tage später fällt die Feder ihm gleichsam vor Verblüffung und Enttäuschung aus der Hand. England (und Frankreich danach) erklärt den Krieg. Dolmetscher Schmidt sieht ihn versteinert dasitzen, wortlos vor sich hin blickend. Dann wendet er sich zu dem gleichermaßen erstarrten Außenminister Ribbentrop: *Was nun?*[278] Im Vorraum das gleiche Bild: Goebbels steht niedergeschlagen in einer Ecke, überall betretene Gesichter. Göring, in einem seelischen Schwächeanfall,

Reichsaußenminister von Ribbentrop unterzeichnet den Hitler-Stalin-Pakt 1939, hinter ihm Molotow und Stalin

schaut düster in die Zukunft: «Wenn wir diesen Krieg verlieren, dann möge uns der Himmel gnädig sein!»[279]

Auffällig unterschieden von den unablässigen Jubelstürmen der Friedensjahre gingen die Deutschen sehr still, wie beklommen in den Krieg: als ahnten sie, wie schwer es sein würde, abermals den unerschöpflichen Reserven des britischen Empire gegenüberzustehen und vielleicht noch einmal der Weltmacht USA; von einem neuen Rußland-Krieg war noch längst nicht die Rede. Wie der November 1918 sich nicht wiederholen sollte: der August 1914 kehrte erst recht nicht zurück.

Als dann aber «die lenksamste, grimmigste und kriegerischste Rasse der Welt» (Churchill, 1935[280]) Blitzsiege errang, einen nach dem andern, als die Sondermeldungen mit dem Auftakt-Motiv aus Franz Liszts «Les Préludes» Herz und Sinne betörten wie das Flötenspiel des Rattenfängers die Kinder von Hameln, da zog Hitler sein Volk noch einmal auf seiner anscheinend unfehlbaren Glücksspur hinter sich her. Man kann den Feldzug, der Frankreich überrannte, in seiner psychologischen Wirkung nur begreifen, wenn man das Trauma von 1918/19, die offene Wunde des nationalen Selbstgefühls, als Untergrundbewußtsein dagegenhält. Sogar die Gegner Hitlers in der Armee trennten hier ihre Empfindungen irrational zwischen der Ablehnung seiner Person und dem Stolz auf das schier Unglaubhafte. Was in vier Jahren unter riesigen Blutopfern mißlungen war, gelang dem Gefreiten von damals in sechs Wochen. Die Irritation war groß; glückte dem Menschen alles? Wir wissen natürlich längst, daß das Frankreich von 1940 militärisch und moralisch nur einem Schatten seines Vorgängers von 1914 bis 1918 glich; gleichviel: Manch nagender Zweifel, ob dieser Krieg nicht von Anbeginn verhängnisvoll und zum schlimmen Ende verurteilt sei, ergab sich jetzt kleinmütig dem imponierenden Augenschein. Und da überdies die Gefühle, jenseits von Gut und Böse, eigene Bezirken bewohnen, gehört zu Hitlers vom Grunde her verbrecherischem Krieg das Seltsame, daß der Sieg über Frankreich den Deutschen nach 1945 die Versöhnung erleichterte. Die Wunde brannte nicht mehr, die «Erzfeinde» standen quitt.

Ob nun die Nachricht von Frankreichs Waffenstillstandsersuchen sein größter Lebensaugenblick war oder die Rachestunde im Salonwagen von Compiègne (die historisch penibel nachgestellte Demütigungsszene vom November 1918 in umgekehrter Form): das Hochgefühl hielt nicht lange vor. Großbritannien wollte nicht einsehen, daß seine *Lage ... hoffnungslos, der Krieg ... von uns an sich gewonnen* war[281], und setzte seinen Kampf, bestärkt durch Churchills «Blut-Schweiß-und-Tränen»-Rede verbissen fort. Damit täuschte Hitler sich über England zum zweitenmal. Ein Friede wäre doch zu schön gewesen. Die Vorstellung sah so aus: *Deutschland, im Rücken gesichert, hätte sich nun mit Leib und Seele in seinen wahren Kampf für die heilige Mission meines Lebens, den Daseinszweck des Nationalsozialismus, stürzen können: die Vernichtung des Bolschewismus. Ostwärts, einzig und allein ostwärts, müssen sich unsere Lebensadern ausdehnen.*[282]

Der historische Salonwagen in Compiègne, 1940

Von der «heiligen Mission» abzuweichen, wäre Verrat an sich selber gewesen. Nur die Prioritäten kehrten sich jetzt um. Die napoleonische Konstellation wiederholte sich: Rußland war der einzig verbliebene «Festlanddegen» des Inselreichs. *Ist aber Rußland zerschlagen, dann ist Englands letzte Hoffnung getilgt.* [283] Daher wurden die Pläne für den Angriff auf Rußland, ungeachtet des Nichtangriffspaktes, forciert. Das Frühjahr 1941 sollte dann die Entscheidung im Westen vom Osten her erzwingen. Der Besuch Molotows im November 1940 litt schon ganz unter Hitlers – wie immer «unabänderlichem» – Beschluß, den Erzfeind seines Herzens aus dem politischen Kräftefeld zu entfernen; die Gespräche verliefen unergiebig, beinahe frostig. Alles spricht dafür, daß Stalin und Molotow ihrerseits den Vertrag ernst nahmen. In unbegreiflicher Leichtfertigkeit überhörte Stalin in der Folgezeit alle Warnungen vor einem bevorstehenden deutschen Angriff. Soweit sie von westlicher, also «kapitalistischer» Seite kamen, mag er sie als bloßes Mittel, Zwietracht in den Pakt zu bringen, abgewertet haben. Aber er glaubte offenbar auch dem eigenen Geheimdienst nicht. Jedenfalls vollzog sich der größte Truppenaufmarsch, *den die Welt bisher gesehen hat*[284], der Feldzugsplan «Barbarossa» (drei Millionen Mann), ohne erkennbare Gegenvorbereitungen auf sowjetischer Seite.

Der Zeitplan – 15. Mai 1941 – konnte nicht eingehalten werden. Deutschland mußte vorher, im Anschluß an den Jugoslawien-Feldzug, den Italienern aus ihrem mißglückten Griechenland-Abenteuer heraushelfen. Hitler erfüllte sein Versprechen vom März 1938[285], aber um welchen Preis! *Dieser idiotische Griechenlandfeldzug! Wenn es bei einem von Deutschland und nicht von der Achse geführten Krieg geblieben wäre, würden wir in der Lage gewesen sein, Rußland im Mai 1941 anzugreifen. Mit doppelter Kraft, da unsere Heere nichts als entscheidende und unwiderrufliche Siege kannten, hätten wir den Feldzug vor Einbruch des Winters beenden können. Wie anders ist alles gekommen!* (Februar 1945[286]) Es war das versteckte Eingeständnis eines Koalitionsirrtums, der nach den Erfahrungen des Ersten Weltkriegs überhaupt nicht zu begreifen wäre, hätte nicht eine persönliche Freundschaft die Logik außer Kraft gesetzt.

Der 22. Juni 1941 wird dem geschichtlichen Erinnern niemals verlorengehen. Das lag in der Grundanlage dieses Feldzugs als Kampf zweier Weltanschauungen gegeneinander. Hitler erläuterte: *Wir müssen vom Standpunkt des soldatischen Kameradentums abrücken. Der Kommunist ist vorher kein Kamerad und nachher kein Kamerad. Es handelt sich um einen Vernichtungskampf* (30. März 1941[287]). Für ihn erfüllte sich mit dem Ostkrieg die ideologische Sinneinheit, weil der Feldzug nicht nur Lebensraum zu gewinnen, sondern auch das bolschewistische (und das hieß für ihn: das jüdische) Herrschaftssystem zu vernichten hatte. Beide Gedankenkreise hatte er in einem einheitlichen Geschichtsbild zur Deckung gebracht; «beides hing unlöslich miteinander zusammen»[288].

Die Forschung hat inzwischen die liebgewordene Vorstellung erschüttert, Hitler habe den ideologischen Krieg nur dort führen können, wo die SS und die Einsatzgruppen herrschten; die Wehrmacht habe sich davon freigehalten. Die Quellenbeweise ernüchtern darin außerordentlich. Hunderttausende russische Kriegsgefangene sind mit Wissen und Beihilfe des deutschen Heeres zugrunde gegangen. Wie sehr dem Zeitalter die sittlichen Begriffe durcheinander geraten waren, zeigt sich auch darin, daß die Kirche, als es gegen die gottverneinenden Bolschewisten ging, in einen peinlichen Kreuzzugsgeist verfiel. Bischof Galen beispielsweise, der berühmte «Löwe von Münster», dessen rückhaltlos offene Predigten wesentlich zum Abbruch der heimlichen Tötung Geisteskranker (Euthanasie) beigetragen hatten, erbat Gottes Beistand zur erfolgreichen Abwehr der bolschewistischen Bedrohung.

Die schwerwiegenden Irrtümer hinsichtlich der sowjetischen Widerstandsfähigkeit hatten Führer und Generalität gleichermaßen zu verantworten. Hitler wurde Opfer seines Irrglaubens, hier seien nur gestaltungsunfähige Juden am Werk [289]; die militärische Spitze hatte aus dem ruhmlosen Russisch-Finnischen Winterkrieg auf geringe Leistungskraft geschlossen. Eine Weile hielten die Tatsachen mit den Trugschlüssen Schritt. Letztmalige unglaubliche und beispiellose Siege erstaunten die Welt. Noch einmal bewährte sich die niederwalzende Kraftverbindung motorisierter Erdtruppen und heulend herabstürzender Kampfflugzeuge. Die gewaltigen Kesselschlachten verleiteten Hitler zu einer denkwürdigen Fehleinschätzung: *Ich spreche das hier heute aus, weil ich es heute sagen darf, daß dieser Gegner bereits gebrochen und sich nie mehr erheben wird* (3. Oktober 1941 [290]).

Der frühe russische Winter, der die Truppe unvorbereitet überfällt, wird zur Kriegswende, in doppelter Weise. Erstmals kommt die bisher unwiderstehliche deutsche Kriegsmaschine zum Stehen, und: der europäische Krieg weitet sich zum zweitenmal zum Weltkrieg aus. Der japanische Überfall auf Pearl Harbor eint die zögernde amerikanische Nation hinter Präsident Roosevelt. Die deutsche Kriegserklärung an die Vereinigten Staaten, formal eine Beistandspflicht aus dem «Dreimächtepakt» Deutschland–Italien–Japan vom September 1940, faktisch eine moralische und materielle Stärkung Englands, «sichert» Deutschland den Zwei-Fronten-Krieg, an dem es schon einmal erlahmt war. Noch glaubt aber der «kontinentale» Denker Hitler, mit einem bezwungenen Rußland als Wirtschaftsbasis den globalen Kampf bestehen zu können.

Die Ansicht trog, und seit der Katastrophe von Stalingrad (... *ein gigantischer Umschlagplatz. Den wollte ich nehmen und – wissen Sie – wir*

sind bescheiden, wir haben ihn nämlich! 8. November 1942 [291]) setzte der langsame, unaufhaltsame Rückzug ein. Wie verhielt sich der «größte Feldherr aller Zeiten» [292], wie Keitel seinen Führer nach dem Sieg über Frankreich genannt hatte? Er versagte am Großraum. So aufgeschlossen er für moderne, technische Kriegführung war – in der Krise verwarf er das Heilmittel der Beweglichkeit, welches allein die unterlegene Zahlenstärke ausgleichen konnte; da kehrte der Feldherr in die Meldegänger-Perspektive des Grabenkriegs zurück und forderte immer wieder «Halten um jeden Preis». Am liebsten hätte er den Soldaten jedes Schützenloch einzeln ausgesucht. Seine Feldmarschälle wurden zu Handlangern herabgedrückt.

Je weiter der Krieg fortschritt, desto gieriger verschlang er seine Opfer auf allen Ebenen: an den Fronten rings um das Reich, unter den deutschen Widerstandskämpfern nach dem 20. Juli 1944, durch den Bombenkrieg an der «Heimatfront», der zum reinen Terror ausartete und in völliger Verkennung der Mechanismen der Diktatur die Bevölkerung vom Regime zu trennen hoffte, und am furchtbarsten in der «Endlösung der Judenfrage». Seit der «Wannsee-Konferenz» vom 20. Januar 1942 vollzog sie sich im sicheren Machtraum der Waffen: ein Vernichtungsprogramm von einzigartiger Systematik und Perfektion. Ein auslösender Hitler-Befehl wurde nie entdeckt, dürfte auch schriftlich nicht erteilt worden sein. Mußte Hitler zu Protokoll geben, was seine höchsten und ältesten Mitstreiter ohnehin wußten? Hier genügte eine mündliche, einvernehmliche Willensübertragung, ohne oberstes Schriftstück fürs Archiv. Daß der erste Mann im Staate wollte, wußte und billigte, was da geschah, bezweifelt

Stalingrad

niemand, der seine früheren Erklärungen mit den Reden der Kriegszeit vergleicht. Dieser Wille war unwandelbar. *Die Juden haben einst auch in Deutschland über meine Prophezeiungen gelacht. Ich weiß nicht, ob sie auch heute noch lachen, oder ob ihnen nicht das Lachen bereits vergangen ist. Ich kann aber auch jetzt nur versichern: Es wird ihnen das Lachen überall vergehen. Und ich werde auch mit diesen Prophezeiungen recht behalten.* (30. September 1942[293]) Zu diesem Zeitpunkt arbeitete die Mordmaschine in Himmlers SS-Imperium schon mit hoher Umdrehungszahl. Die Herrenrasse machte Europa, so gut sie vermochte, «judenfrei».

Niemand konnte das Räderwerk des Bösen aufhalten, auch zwei Attentate und zwei Attentatsversuche nicht, so daß die Worte Goethes aus «Dichtung und Wahrheit» über die dämonischen Menschen sich ins Gedächtnis drängten: «... eine ungeheure Kraft geht von ihnen aus, und sie üben eine unglaubliche Gewalt über alle Geschöpfe, ja sogar über die Elemente, und wer kann sagen, wie weit sich eine solche Wirkung erstrecken wird? Alle vereinten sittlichen Kräfte vermögen nichts gegen sie ...»

Die Bombe des Obersten Stauffenberg am 20. Juli 1944 explodierte zwei Meter neben Hitler; er wurde nur leicht verletzt. Das Regime wütete in den letzten Monaten furchtbar unter denen, welche, mit den Worten des Generalmajors Henning von Tresckow, ohne Frage nach dem Erfolg, nur aus Gewissensgründen, «vor der Welt und der Geschichte unter Einsatz des Lebens den entscheidenden Wurf gewagt» hatten.[294]

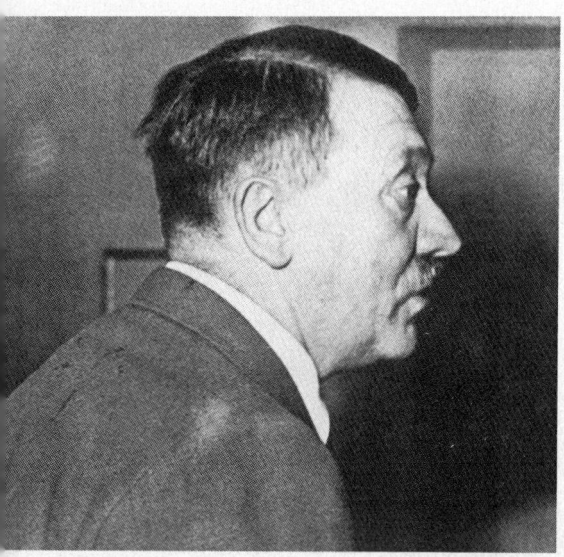

Herbst 1944

*Hitler mit Ribbentrop
(hinter ihm) und Bormann
im Führerhauptquartier*

*Hitler zeichnet einen Vierzehnjährigen mit dem Eisernen Kreuz aus. März 1945.
Heinrich Hoffmanns letzte Aufnahme*

Ein russischer Offizier zeigt englischen Soldaten die Stelle, an der Hitler und Eva Braun nach ihrem Selbstmord verbrannt wurden. Berlin, Mai 1945

Der Kriegsfreiwillige, der Demagoge, der Staatsmann, der Feldherr, der allen Fährnissen entgangen war, starb am Ende – körperlich völlig zerrüttet –, von eigener Hand, zusammen mit Eva Braun, die unter ihm gelitten hatte und dennoch *aus freiem Willen in die schon fast belagerte Stadt* Berlin *hereinkam, um ihr Schicksal mit dem meinen zu teilen*[295] und die er, um diesen Treuebeweis zu legitimieren, zuletzt in einer gespenstischen Katakombenszene sich standesamtlich hatte antrauen lassen vor den Trauzeugen Joseph Goebbels und Martin Bormann, seinem *treuesten Parteigenossen*[296], seinem einflußreichsten, unheilvollen Ratgeber und Einflüsterer der Spätzeit.

Das makabere Ende ist viel beschrieben worden. Es erlöste, aber löste nicht. Die Last wich, die Lasten blieben, die Folgen, die Fragen, die Rätsel: wie dies alles möglich geworden und wie der Mensch Adolf Hitler im Innersten beschaffen war. Albert Speer, der ihm nahegestanden hatte, dachte zwanzig Jahre in Spandau nach, wie er zu charakterisieren sei, um schließlich aufgebend einzugestehen[297]: «Ich glaube, ich weiß es weniger denn je. Alles Nachdenken vergrößert die Schwierigkeiten, macht ihn unfaßbarer. Natürlich bin ich mir über die historische Beurteilung klar. Aber ich wüßte nicht, wie ich den Menschen zu schildern hätte. Wohl könnte ich sagen, daß er grausam, ungerecht, unnahbar, kalt, unbeherrscht, wehleidig und ordinär gewesen sei, und tatsächlich war er das alles auch. Zugleich jedoch war er von fast allem auch das genaue Gegenteil. Er konnte ein fürsorglicher Hausvater, ein nachsichtiger Vorgesetzter, liebenswürdig, selbstkontrolliert, stolz und begeisterungsfähig über alles Schöne, Große sein. Nur zwei Begriffe fallen mir ein, die alle seine Charaktereigenschaften decken und der gemeinsame Nenner dieser vielen Gegensätze sind: undurchschaubar und unaufrichtig. Heute, in der Rückschau, bin ich mir ganz unsicher, wann und wo er einmal wirklich ganz er selbst war, durch keine Schauspielerei, keine taktische Erwägung, keine Lust an der Lüge verstellt. Ich wüßte noch nicht einmal zu sagen, was sein Gefühl mir gegenüber war – wirkliche Sympathie oder nur Erwägungen der Benutzbarkeit. Selbst was er für Deutschland empfand, weiß ich nicht. Liebte er dieses Land auch nur ein klein wenig, oder war es nur Instrument für seine Pläne?»

Anmerkungen

Hitlers Selbstzeugnisse, wie die Bibliographie sie aufführt, werden abgekürzt zitiert: Aufz. = Sämtliche Aufzeichnungen 1905–1924, MK = Mein Kampf, HZB = Hitlers Zweites Buch. Die Hauptquelle der Herrschaftsjahre, die Reden und Proklamationen, werden herangezogen mit der Kennzeichnung: Reden. Die Tischgespräche im Führerhauptquartier stehen als «Tischg.» in den Anmerkungen. Die arabische Ziffer nennt jeweils die Seitenzahl.

Bei der Sekundärliteratur steht vielfach hinter dem Verfassernamen nur die Seitenzahl der benutzten Schrift; der Titel ist im Verzeichnis zu finden. Gibt es dort mehrere Arbeiten desselben Autors, so wird eine unterscheidende Kurzform verwendet. Verwertete Publikationen, die nicht im engeren Sinne zum Thema gehören und daher in der Bibliographie fehlen, sind in den Anmerkungen vollständig genannt.

1 Speer, Erinnerungen, 83
2 Speer, Erinnerungen, 88
3 Jäckel, Weltanschauung, 13
4 Jäckel, Weltanschauung, 8
5 Jäckel, Weltanschauung, 7
6 Broszat, Probleme, 11
7 Haffner, Anmerkungen, 38
8 Jäckel, Weltanschauung, 138, 146
9 MK, 2
10 Vgl. Maser, Adolf Hitler, 26–28; wobei der Autor seine überzeugenden Belege im Text kurioserweise im Register der 7. Auflage dadurch widerruft, daß er schreibt: «Frankenberger (wahrscheinlich Großvater Adolf Hitlers)». Der Widerspruch mag die Wirrnis auf dem Felde von Hitlers Abkunft beleuchten.
11 MK, 1
12 Siehe Zeittafel
13 MK, 2
14 MK, 16
15 MK, 6
16 Stierlin, 23
17 Ebd. Hitler erzählte später einer seiner Sekretärinnen von einem Prügel-Exzeß: *Zweiunddreißig Schläge hat mir der Vater gegeben* (zit. nach Toland, 30). Das ist schon Sadismus.
18 MK, 6f
19 MK, 5

20 Miller, 207, 221
21 «Der Spiegel» 4/1969, S. 108
22 Vgl. Stierlin, 113
23 «Der Spiegel» 4/1969, S. 100–110
24 MK, 6
25 MK, 8
26 Ebd.
27 Deuerlein, Augenzeugen, 68
28 Ebd.
29 Zit. n. Maser, Hitler, 70
30 S. 127 f
31 Kubizek, 142
32 MK, 15
33 Aufz., 1034
34 MK, 18
35 Ebd.
36 Maser, Hitler, 77
37 MK, 19
38 Ebd.
39 S. 118
40 MK, 19
41 Aufz., 48
42 Maser, Hitler, 79
43 Toland, 51 f
44 Tischg., 10. 5. 1942, mittags
45 MK, 20 f
46 Siehe Abschnitt «Flucht»
47 In: Tagungsprotokolle vom 1. Zionistenkongreß in Basel, 1897
48 Ebd.
49 Vgl. Maser, Hitler, 249
50 Aufz., 69
51 MK, 13
52 Maser, Hitler, 233
53 Aufz., 53
54 MK, 59, 69
55 MK, 59
56 MK, 109
57 MK, 40
58 Aufz., 1102, 1063
59 Kubizek, 262
60 MK, 138
61 Ebd.
62 S. 224
63 Maser, Hitler, 123
64 «Der Spiegel» 14/1973, S. 60
65 Aufz., 54
66 Aufz., 55
67 Aufz., 54
68 Ebd.

69 Maser, Hitler, 124
70 In: Aufrufe und Reden deutscher Professoren im Ersten Weltkrieg. Reclam-Universal-Bibliothek Nr. 9787, Stuttgart 1975, S. 17
71 MK, 178 f
72 MK, 177
73 MK, 178 f
74 MK, 179
75 Ebd.
76 Aufz., 60
77 Aufz., 63 f
78 Aufz., 67 f
79 Aufz., 75
80 Maser, Hitler, 142
81 Fest, Hitler, 104
82 Zit. n. Toland, 101
83 Hitler, 107
84 Haffner, Revolution, 38 f
85 MK, 222 f
86 MK, 225
87 Aus Platzgründen ist es nicht möglich, auf die Kriegsschuldfrage 1914 einzugehen, so maßgeblich dieses Problem auch für das Klima in der Weimarer Republik und für Hitlers Redeerfolge war. Deutschland wurde eine Schuld allein angelastet, die nach gerechtem Empfinden durchaus verteilt gewesen war. Die auch historiographisch vorherrschende Sicht von der Kollektivsünde Europas stellte erst Fritz Fischer 1961 mit seinem Buch «Griff nach der Weltmacht» wieder in Frage, indem er nicht nur deutsche Annexions- und Hegemonialpläne aus dem Ersten Weltkrieg in erschreckender Dichte zusammenstellte, sondern auch die kriegswillige und -fördernde deutsche Politik in der Juli-Krise deutlicher, als bis dahin geschehen, ins Licht rückte. Seinem Gesamtresumee, wonach Deutschland die Hauptschuld am Ersten Weltkrieg trage, ist die Forschung dennoch überwiegend nicht gefolgt. Sie vermißte bei Fischer Ausgewogenheit, den Blick auf die Nachbarn. Immerhin hatte Fischer noch zehn Jahre zuvor selber in einer Vorlesung vom «ausgesprochenen Kriegswillen» des französischen Staatspräsidenten Poincaré gesprochen und davon, daß Rußland «beispiellos aufgerüstet» hatte und daß es zu den Meerengen gedrängt habe in der Auffassung, dies sei ohne Krieg nicht zu verwirklichen. (Zitate ungedruckt)
88 Maser, Hitler, 165
89 Schmolze, 19
90 MK, 237. Maser (Hitler, 171) hat genau nachgezählt. 45 Personen stehen in der Anwesenheitsliste, darunter von «unteren Schichten» nur die Minderheit von 16 Handwerkern, im übrigen Akademiker, Kaufleute, Bankangestellte, Studenten, ein Schriftsteller – eine Zusammensetzung, wie sie dann für die NSDAP-Gefolgschaft typisch wurde.
91 MK, 238
92 Fest, Hitler, 171
93 MK, 238
94 Zum folgenden MK, 239–244
95 Aufz., 91

96 Fest, Hitler, 170
97 Aufz., 91
98 Aufz., 89 f
99 MK, 388
100 MK, 390 f
101 MK, 235
102 Tagebuch vom 16.6.1926
103 Paul Devrient. Sein Tagebuch hat Werner Maser herausgegeben
104 Laqueur, 17
105 MK, 194
106 MK, 197 f, 201
107 MK, 116
108 Deuerlein, Augenzeugen, 105
109 Wortlaut bei Deuerlein, Augenzeugen, 108–112
110 Aufz., 95
111 Aufz., 308
112 Deuerlein, Augenzeugen, 131
113 Aufz., 438
114 Aufz., 127
115 Maser, Frühgeschichte, 270
116 Fest, Hitler, 196
117 Fest, Hitler, 207 f
118 Kershaw, 28
119 Kershaw, 28 f
120 MK, 556 f
121 Deuerlein, Augenzeugen, 144
122 Aufz., 513
123 MK, 566
124 Aufz., 514
125 Aufz., 711
126 In Preußen, Sachsen, Thüringen, Baden, Mecklenburg-Schwerin, Hamburg,
    Bremen
127 Thomas Mann – Heinrich Mann. Briefwechsel 1900 bis 1949. Frankfurt a. M.
    1975, S. 120
128 Aufz., 1052
129 Aufz., 1053
130 Ebd.
131 Ebd. Er wohnte seit Anfang der zwanziger Jahre in München
132 Deuerlein, Augenzeugen, 194
133 Deuerlein, Augenzeugen, 196
134 Aufz., 1055
135 Ebd.
136 Aufz., 1058
137 Ebd.
138 Erinnerungen, 195
139 Golo Mann, 707
140 S. 66
141 Gisevius, ebd.
142 Deuerlein, Augenzeugen, 221

143 Deuerlein, Augenzeugen, 228
144 Deuerlein, Augenzeugen, 205
145 Aufz., 1154 f
146 Aufz., 1216
147 Deuerlein, Augenzeugen, 227
148 Aufz., 1230, 1242, 1244 f, 1247
149 Aufz., 1239
150 Siehe für die ersten beiden Selbstzeugnisse: Maser, Mein Kampf; Zentner, Adolf Hitlers «Mein Kampf»; für alle drei: Jäckel, Weltanschauung
151 Siehe Anm. 98
152 Reden, 2239
153 MK, 70
154 Siehe Anm. 98
155 MK, 324
156 HZB, 46 f
157 HZB, 47
158 HZB, 46
159 MK, 312 f, 372, 422
160 HZB, 65 f. Um Rassenmischung als naturwidrig hinzustellen, bemüht er die Zoologie und wird gerade durch sie widerlegt. *Jedes Tier*, so lesen wir, *paart sich nur mit einem Genossen der gleichen Art. Meise geht zu Meise, Fink zu Fink ... der Wolf zur Wölfin* (MK, 311). Wohl, aber eben auch der Hund zum Hund, die Rasse Terrier zur Rasse Spitz, und das entspricht genau den Rassen innerhalb der Art Mensch. Hitler hält die Begriffe Art und Rasse nicht auseinander.
161 1929 schrieb der völkische Rassenforscher Prof. Max von Gruber über Hitler: «Gesicht und Kopf schlechte Rasse. Mischling.» Vgl. Maser, Frühgeschichte, 46
162 HZB, 220 f. Seine Überzeugung, die Juden planten die Versklavung der Völker, stützte sich unter anderem auf die «Protokolle der Weisen von Zion», eine Fälschung der zaristischen Geheimpolizei von 1897 in Paris. Übersetzungen aus dem Russischen erschienen seit 1917, seit 1920 in Deutschland. Hitler war von der Echtheit überzeugt und erblickte nicht zuletzt deshalb überall Machenschaften einer «jüdischen Weltverschwörung». In *Mein Kampf* heißt es, daß die «Protokolle» *mit geradezu grauenerregender Sicherheit das Wesen und die Tätigkeit des Judenvolkes aufdecken und in ... den letzten Schlußzielen darlegen* (S. 337). So plump das Machwerk heute erscheint, damals fragte sogar die seriöse «Times» unsicher, ob die «Protokolle» möglicherweise echt seien (1. Mai 1920). Dergleichen überhaupt für möglich zu halten, zeigt schlaglichthaft, daß man einmal mit dem Thema «jüdische Weltverschwörung» Menschen aufregen konnte. Dieselbe «Times» bewies 1921 als erster die Fälschung.
163 MK, 702 und oft
164 Aufz., 348
165 Auf., 775
166 MK, 772
167 HZB, 62
168 MK, 372. Dahinter steht neben Darwins Naturschau Nietzsches Herrenmoral mit der Verachtung alles Schwächlichen.
169 MK, 421
170 Vgl. Anm. 160

171 MK, 147
172 HZB, 220
173 MK, 743
174 Aufz., 96
175 MK, 742, 732; HZB, 159
176 Fest, Hitler, 311 f
177 Zit. n. Deuerlein, Augenzeugen, 241
178 Fest, Hitler, 318
179 Zit. n. Deuerlein, Augenzeugen, 246
180 Tagebuch vom 29. 12. 1925
181 Tagebuch vom 31. 1. 1926
182 Tagebuch vom 15. 2. 1926
183 Tagebuch vom 13. 4. 1926
184 Tagebuch vom 23. 7. 1926
185 Tagebuch vom 28. 11. 1925
186 Zit. n. Deuerlein, Augenzeugen, 265
187 1925: 27000, 1926: 49000, 1927: 72000, 1928: 108000, 1929: 176000
188 Zit. n. Hofer, Nationalsozialismus, 28
189 Heiber, Weimar, 203
190 Zit. n. Deuerlein, Augenzeugen, 330–332
191 Deuerlein, Augenzeugen, 326
192 Heß gewann dafür Fritz Thyssen und Emil Kirdorf (Schwarzwäller, 103). Im übrigen ist Hitler in der Kampfzeit, entgegen allen Legenden, von der Industrie nur unerheblich unterstützt worden. Sie sperrte sich lange aus Sorge vor dem antikapitalistischen Anstrich der Partei und ihres Programms, wobei der Strasser-Flügel die Befürchtungen noch erhöhte. Vgl. vor allem die Arbeit von Turner, aber auch Görlitz: Geldgeber. Das Bild von Hitler als dem «Knecht des Kapitals», dem Werkzeug anonymer industrieller Hintermänner, hält sich hartnäckig in der sozialistischen Geschichtsschreibung. Das «große Geld» floß der Partei 1930 bis 1933 überwiegend aus der Summe der vielen kleinen Mitgliederbeiträge zu. In der Schlußphase wurden auch ohne Hemmung Darlehen aufgenommen.
193 Reden, 101
194 Reden, 107
195 Reden, 115, 117
196 Reden, 129
197 Reden, 133
198 Reden, 139
199 Reden, 140
200 Reden, 143
201 Zit. n. Deuerlein, Augenzeugen, 397
202 Domarus in: Reden Hitlers, 157
203 Görlitz, Adolf Hitler, 76
204 Deuerlein, Augenzeugen, 418
205 Ebd.
206 Golo Mann: «Dann ist die Frage: woher kam er, wie war er, wie blieb er stekken und schritt er vorwärts, wie konnte ein so Beschaffener totale Macht über eine hochzivilisierte Nation gewinnen, in der Tat wichtiger als die andere, was er dann mit der Macht anfing, und was man ohnehin weiß.» – Ein Satz aus

einem anderen Zusammenhang, aber wohl nicht unerlaubt hierher übertragbar. (Zeiten und Figuren. Schriften aus vier Jahrzehnten. Frankfurt a. M. 1979, S. 280)

207 Reden, 192–194
208 Tischg. 10.5.1942, abends
209 Reden, 228
210 Ebd.
211 Reden, 237
212 Anmerkungen, 93 f
213 Jäckel, Hitler und die Deutschen, in: Weltanschauung, 152
214 S. 75
215 Der Antisemitismus steht nicht eigenständig im Thesenkatalog, weil er unter den fördernden Gründen der Machterlangung weniger als die anderen konkret erfaßbar ist, ohne daß er deshalb atmosphärisch unterschätzt wird.
216 S. 711
217 Reden, 248
218 Reden, 250
219 Reden, 251
220 Reden, 249
221 Reden, 261 f
222 Reden, 261
223 Domarus in: Reden Hitlers, 301
224 Reden, 303
225 1933 bis 1935 lagen die militärischen Aufwendungen unter dem internationalen Durchschnitt, 1936/37 etwa gleichauf, seit 1938 übertrafen sie die Ziffern der auswärtigen Konkurrenz.
226 Reden, 352
227 Reden, 355
228 Reden, 405
229 Reden, 286
230 In: Reden Hitlers, 386
231 Reden, 396
232 Reden, 421
233 Reden, 404
234 «Der Spiegel» 20/1973, S. 142
235 Reden, 418 f
236 Reden, 415 f
237 Reden, 426
238 Görlitz/Quint, 627
239 Hillgruber, Endlich genug ..., 28
240 Zit. n. Gun in: Zentner, III. Reich, Sonderheft Adolf Hitler, 78
241 Zit. n. Hoffmann, Sicherheit, 247
242 Hoffmann, ebd.
243 Speer, Erinnerungen, 79
244 Ebd.
245 Zit. n. Hoffmann, Sicherheit, 245
246 Reden, 620, 689
247 Scholl, 14
248 Ebd.

249 In: Zentner, III. Reich, Sonderheft «Hitler-Jugend», 38
250 Reden, 642
251 Anmerkungen, 118
252 Reden, 538
253 Zit. n. Hoffmann, Sicherheit, 67
254 Hier: Berlin (Ost) 1959, Bd. 4, S. 115
255 «Mein Leben», Hamburg 1975, 158
256 Reden, 899
257 Vgl. Salcia Landmann, Jüdische Witze, hier: München, 11. Aufl. 1968, 236
258 Reden, 1051
259 Reden, 1058
260 Reden, 472
261 Reden, 595
262 Craig, 601
263 Reden, 824
264 Reden, 813
265 Reden, 606
266 Zit. n. Paul Schmidt, 403 f
267 Reden, 870
268 Schlabrendorff, 38
269 Zit. n. Fest, 776
270 Vgl. Fest, Hitler, 773 f
271 Reden, 932
272 Reden, 749–752
273 Maser, in: Zentner, III. Reich, Sonderheft «Adolf Hitler», 4
274 Hofer, Nationalsozialismus, 230 f
275 Reden, 1315
276 Reden, 1316
277 Ebd.
278 Paul Schmidt, 473
279 Paul Schmidt, 474
280 In: Zentner, III. Reich, Sonderheft «Adolf Hitler», 27
281 Reden, 1561, 1565
282 Zit. n. Trevor-Roper, Vj.hefte f. Zeitgesch. 1960, S. 133
283 Reden, 1565
284 Reden, 1731
285 Vgl. Anm. 264
286 Zit. n. Trevor-Roper, Vj.hefte f. Zeitgesch. 1960, S. 133
287 Reden, 1582
288 Jäckel, Weltanschauung, 118
289 Vgl. Anm. 172, 173
290 Reden, 1763
291 Reden, 1938
292 Zoller, 141
293 Reden, 1920
294 Schlabrendorff, 138
295 Reden, 2240
296 Ebd.
297 Tagebücher, 633 f

Zeittafel

1888   Dreikaiserjahr in Deutschland: Tod Wilhelms I., «99 Tage» Friedrichs III., Anfänge Wilhelms II.

1889   **20. April:** Adolf Hitler in Braunau am Inn geboren. Vater: Alois Hitler (bis 1876 Alois Schicklgruber), Zollbeamter (1837–1903); Mutter: Klara geb. Pölzl (1860–1907). Zwei jüngere Geschwister: Edmund (1894–1900), Paula (1896–1960). Dazu kommen die Halbgeschwister Alois (1882–1956), Angela (1883–1949)

1890   **März:** Bismarcks Entlassung

1891   Gründung «Allgemeiner Deutscher Verband» (seit 1894: Alldeutscher Verband)

1892   **August:** Übersiedlung nach Passau
Russisch-französische Militär-Konvention

1895   **April:** Die Familie zieht nach Hafeld bei Lambach a. d. Traun. Zum Haus gehören 38 000 qm Grundstücksfläche

1895–1896 1. Volksschulklasse in Fischlham bei Lambach

1896–1898 2. und 3. Volksschulklasse der Klosterschule in Lambach

1897   Umzug nach Lambach
Erster Zionistenkongreß in Basel

1898–1900 4. und 5. Volksschulklasse in Leonding, wohin die Familie 1898 übersiedelt

1900–1904 1.–3. Realschulklasse in Linz, mit Wiederholung der ersten

1903   **Januar:** Tod des Vaters, fünfundsechzigjährig

1904   Entente cordiale zwischen Frankreich und England

1904–1905 4. Oberrealschulklasse in Steyr. Hitler dort in Pension. Krankheit. Er beendet sechzehnjährig die Schulzeit ohne Abschluß. Die Familie wohnt in Linz. Freundschaft mit August Kubizek. Wagner-Begeisterung

1905–1906 Revolution in Rußland

1906   **Mai/Juni:** Erster Aufenthalt in Wien

1907   **September:** Erfolglose Aufnahmeprüfung an der Allgemeinen Malerschule der Akademie der Bildenden Künste in Wien
Dezember: Tod der Mutter, siebenundvierzigjährig

1908   **September:** Erneute Ablehnung an der Kunstakademie

1908–1913 Hitler lebt in Wien. Die Aufenthalte wechseln. 1909–1913 wohnt er aber ständig im Männerheim in der Meldemannstr. 27 im 20. Bezirk. Auskömmlicher Lebensunterhalt durch Erbanteile, Waisenrente, Verkauf eigener Aquarelle und Zeichnungen (meist Architektur).

Passive Beschäftigungen vorwiegend: häufiger Opernbesuch; Lektüre auf zahllosen Wissensgebieten

1912	**Januar:** SPD stärkste Reichstagsfraktion
1913	**24. Mai:** Übersiedlung nach München (Wehrdienstflucht). Hitler wohnt zur Miete bei Schneidermeister Popp, Schleißheimer Straße 34
1914	**5. Februar:** Vorladung zur Musterung nach Salzburg. Als «waffenunfähig» vom Wehrdienst befreit

28. Juni: Ermordung des österreichischen Thronfolgers Franz Ferdinand in Sarajewo. Juli-Krise

1. August: Ausbruch des Ersten Weltkriegs. Die Mittelmächte Deutschland/Österreich-Ungarn stehen gegen den Dreiverband Frankreich/England/Rußland

16. August: Hitler Kriegsfreiwilliger im Infanterie-Regiment Nr. 16 (List). Einsatz vorwiegend in Französisch-Flandern, zeitweilig auch an der Somme, Marne, in der Champagne, im Ober-Elsaß

1. November: Gefreiter

2. Dezember: Eisernes Kreuz II. Klasse

1915	Hitler wird Meldegänger und bleibt es bis zuletzt
1916	**5. Oktober:** Leichte Verwundung am linken Oberschenkel. Bis Dezember Rekonvaleszent im Lazarett Beelitz bei Berlin. Anschließend bis März 1917 in München

21. November: Kaiser Franz Joseph stirbt sechsundachtzigjährig

1917	**Februar:** Unbeschränkter U-Boot-Krieg. Revolution in Rußland

6. April: Kriegseintritt der Vereinigten Staaten

Oktober: Heimaturlaub, den er in Berlin verbringt (*Die Stadt ist großartig. So richtig eine Weltstadt*)

Bolschewistische Machtergreifung in Rußland

1918	**3. März:** Friedensvertrag von Brest-Litowsk mit Rußland

4. August: Eisernes Kreuz I. Klasse

September: Heimaturlaub in Spital

3./4. Oktober: Deutsches Friedensangebot an Präsident Wilson

14. Oktober: Gasvergiftung der Augen bei La Montagne

21. Oktober–19. November: im Lazarett Pasewalk in Pommern

28. Oktober: Umbau der Staatsverfassung. Deutschland parlamentarische Monarchie. Beginn der Meuterei auf der Hochseeflotte

9. November: Abdankung des Kaisers proklamiert; Übergabe der Regierungsverantwortung von Max von Baden an Friedrich Ebert; Proklamation der Republik durch Philipp Scheidemann. «Rat der Volksbeauftragten» regiert

11. November: Waffenstillstand

21. November: Versetzung zur 7. Kompanie des I. Ersatz-Bataillons im Regiment List in München

1919	**5. Januar:** Gründung der Deutschen Arbeiterpartei (DAP) durch Anton Drexler in München

Januar: Spartakus-Kämpfe in Berlin. Karl Liebknecht und Rosa Luxemburg ermordet

18. Januar: Eröffnung der Friedenskonferenz in Versailles

19. Januar: Wahlen zur Nationalversammlung. SPD, Deutsche Demokraten (Linksliberale) und Zentrum erringen 329 von 421 Sitzen. Daraus geht die «Weimarer Koalition» hervor

6. Februar: Die Nationalversammlung tritt in Weimar zusammen

11. Februar: Friedrich Ebert zum vorläufigen Reichspräsidenten gewählt

21. Februar: Ermordung des bayerischen Ministerpräsidenten Kurt Eisner

13. April–1. Mai: Kommunistische Räterepublik in München. Erstürmung der Stadt durch Regierungstruppen

Juni: Hitler, der noch in der Kaserne lebt, nimmt an nationalen «Aufklärungskursen» in der Universität teil

28. Juni: Deutschland unterzeichnet unter ultimativem Druck den Versailler Vertrag. Hauptbestimmungen: Gebietsabtretungen von rund 13 Prozent des Reichsgebietes; Verzicht auf die Kolonien; Verbot der Vereinigung mit Österreich; alliierte Besetzung der linksrheinischen Gebiete; Hunderttausend-Mann-Heer; Auslieferung der Kriegsflotte und des größten Teils der Handelsflotte; Enteignung des deutschen Auslandsbesitzes; umfangreiche Sachlieferungen, vor allem Kohle, Maschinen, Vieh (obwohl durch die Gebietsverluste ohnehin 25 Prozent der Kohlereserven, 75 Prozent der Erzlager und 40 Prozent der Roheisen- und Stahlkapazitäten verlorengehen); Geldentschädigung in noch unbestimmter Höhe (die Londoner Reparationenkonferenz im Februar / März 1921 legt fest: 132 Milliarden Goldmark binnen 37 Jahren zuzüglich 2 Milliarden Zinsen pro Jahr nebst sechsundzwanzigprozentiger Ausfuhrabgabe); Anerkennung der Alleinschuld am Krieg

14. August: Weimarer Reichsverfassung tritt in Kraft

August: Rednertätigkeit im (Heimkehrer-)Lager Lechfeld

12. September: Hitler besucht eine DAP-Versammlung

Oktober: Mitglied der DAP. Mitgliedsnummer 555 (eigentlich: 55). Zugleich Werbeobmann der Partei

1920   **24. Februar:** 25 Punkte der DAP. Danach Umbenennung in NSDAP

13.–17. März: Kapp-Putsch, der zusammenbricht; aber Rechtsruck in Bayern

31. März: Hitler verläßt die Reichswehr. Er lebt teils von Honoraren für Reden außerhalb der Partei-Agitation, teils wird er von Gönnern der Münchner Gesellschaft und anderer nationaler Kreise unterstützt. Seit August 1921 trägt auch die Parteikasse zum Lebensunterhalt bei

17. Dezember: Die NSDAP erwirbt den «Völkischen Beobachter»

1921   **Juli:** Parteiaustritt, Ultimatum und Wiedereintritt. Hitler 1. Vorsitzender *mit diktatorischer Machtbefugnis*

3. August: Gründung einer Schutz- und Ordnertruppe

4. November: Sie heißt von jetzt an «Sturmabteilung» (SA). Sie stellt auch eine persönliche «Stabswache», aus der die «Schutzstaffel» (SS) hervorgeht

1922   **24. Juni:** Reichsaußenminister Rathenau ermordet. Reichskanzler Wirth: «Der Feind . . . steht rechts.»

24. Juni–27. Juli: Hitler verbüßt in München-Stadelheim eine (verkürzte) dreimonatige Haft wegen Landfriedensbruchs

28. Oktober: Mussolinis «Marsch auf Rom»

1923	**11. Januar:** Franzosen besetzen das Ruhrgebiet wegen rückständiger Kohlelieferungen («Faustpfand»). Die Reichsregierung (Cuno) proklamiert passiven Widerstand. Wirtschaftskrise und Inflation verschärfen sich

1923   **11. Januar:** Franzosen besetzen das Ruhrgebiet wegen rückständiger Kohlelieferungen («Faustpfand»). Die Reichsregierung (Cuno) proklamiert passiven Widerstand. Wirtschaftskrise und Inflation verschärfen sich

27.–29. Januar: Erster Reichsparteitag der NSDAP in München

26. September: Regierung Stresemann beendet passiven Widerstand. Kahr erhält diktatorische Vollmachten in Bayern

Oktober: Macht und Verfassungskonflikt Bayerns mit dem Reich; Volksfrontregierungen in Sachsen und Thüringen; französische Separatismusbestrebungen am Rhein

8.–9. November: Hitler-Putsch (mit Ludendorff) in München; «Marsch zur Feldherrnhalle»; Feuergefecht mit der Staatsgewalt; neunzehn Tote, darunter drei Polizisten; Hitler in Haft; NSDAP (55700 Mitglieder) und «Völkischer Beobachter» verboten. Inflation auf dem Höhepunkt

15. November: Währungsreform («Rentenmark»)

1924   **26. Februar–1. April:** Hitler-Prozeß in München. Verurteilung zu fünf Jahren Festung, Ludendorff freigesprochen

Hitler diktiert in Landsberg am Lech *Mein Kampf*, Bd. 1

Juli: Er legt für die Dauer der Haft die Führung der (verbotenen) NSDAP nieder

20. Dezember: Vorzeitige Entlassung auf Bewährung

1925   **27. Februar:** Neugründung der NSDAP

28. Februar: Reichspräsident Ebert stirbt

9. März: Redeverbot in Bayern und danach in fünf anderen Gliedstaaten

26. April: Hindenburg Reichspräsident

30. April: Hitler wird aus der österreichischen Staatsbürgerschaft auf Antrag entlassen

18. Juli: *Mein Kampf* Bd. 1 erscheint

16. Oktober: Locarno-Pakt zwischen Deutschland, Frankreich, England, Belgien, Italien (Garantie der Westgrenzen, Gewaltverzicht im Osten, Entmilitarisierung des Rheinlandes von deutscher Seite zugesichert)

9. November: Gründung der «Schutzstaffel» (SS) als Sonderverband innerhalb der SA

1926   **14. Februar:** Hitler setzt sich in Bamberg gegen den «linken» Nationalsozialismus (Strasser/Goebbels) durch

3./4. Juli: Gründung der «Hitler-Jugend» auf dem 2. Reichsparteitag in Weimar

8. September: Aufnahme Deutschlands in den Völkerbund

1. November: Goebbels übernimmt den Gau Berlin-Brandenburg. Oberste SA-Führung konstituiert

10. Dezember: *Mein Kampf* Bd. 2 erscheint

1928   **20. Mai:** Reichstagswahlen. 2,6 Prozent für die NSDAP (12 Sitze)

1929   **3. Oktober:** Reichsaußenminister Stresemann stirbt

25. Oktober: Börsenkrach in New York. Beginn der Weltwirtschaftskrise

22. Dezember: (Erfolgloser) Volksentscheid gegen den Young-Plan

1930	**30. März:** Brüning wird Reichskanzler
	14. September: Reichstagswahlen. 18,3 Prozent für die NSDAP (107 Sitze)
	25. September: Legalitätseid vor dem Reichsgericht
1931	**1. Januar:** «Braunes Haus» in München Sitz der Parteileitung
	5. Januar: Röhm Stabschef der SA
	1. Mai: Gründung der Auslandsabteilung der NSDAP
	11. Oktober: «Harzburger Front»: Kampfbündnis von NSDAP (Hitler), Deutsch-Nationalen (Hugenberg) und Frontkämpfer-Vereinigung «Stahlhelm» (Seldte) gegen die Brüning-Koalition
1932	**25. Februar:** Hitler Regierungsrat des Landes Braunschweig. Durch den formalen Akt ist er nicht länger staatenlos, sondern deutscher Staatsbürger
	März/April: In zwei Wahlgängen unterliegt Hitler Hindenburg in der Wahl zum Reichspräsidenten mit zuletzt 13,4 gegen 19,4 Millionen Stimmen
	30. Mai: Brüning tritt zurück
	1. Juni: Franz von Papen Reichskanzler
	20. Juli: Regierung Otto Braun in Preußen des Amtes enthoben («Staatsstreich» Papens wegen der parlamentarisch nicht lösbaren Regierungskrise)
	31. Juli: Reichstagswahlen. 37,4 Prozent für die NSDAP (230 Sitze)
	6. November: Reichstagswahlen: 33,1 Prozent für die NSDAP (196 Sitze)
	17. November: Papen tritt zurück
	2. Dezember: General Kurt von Schleicher Reichskanzler
	6. Dezember: Gregor Strasser tritt als «Reichsorganisationsleiter» der Partei zurück
1933	**28. Januar:** Schleicher tritt zurück
	30. Januar: Adolf Hitler Reichskanzler
	27. Februar: Reichstagsbrand
	März: Erste Konzentrationslager; Kommunisten und Sozialdemokraten inhaftiert
	5. März: Reichstagswahlen. 43,9 Prozent für die NSDAP (288 Sitze)
	21. März: «Tag von Potsdam»
	24. März: Ermächtigungsgesetz auf vier Jahre. Nur die SPD lehnt ab
	1. April: Boykott jüdischer Geschäfte
	7. April: Einsetzung von Reichsstatthaltern beschleunigt die «Gleichschaltung» der Länder. Juden dürfen nicht mehr Beamte sein
	1. Mai wird «Feiertag der nationalen Arbeit»
	2. Mai: Aufhebung der Gewerkschaften
	10. Mai: Bücherverbrennung; Gründung der «Deutschen Arbeitsfront»; erstes Gesetz gegen Arbeitslosigkeit
	Juni/Juli: Selbstauflösung der Parteien, Verbot der SPD
	14. Juli: Gesetz gegen Neubildung von Parteien. Deutschland jetzt Einparteienstaat (NSDAP)
	20. Juli: Reichskonkordat mit der Kurie
	21. September: Eröffnung der «Arbeitsschlacht»
	23. September: Bau der Reichsautobahn wird in großem Maßstab be-

gonnen (Autobahn Köln–Bonn war 1932 eröffnet worden)

27. September: Beginn des Kampfes in der evangelischen Kirche («Bekennende Kirche») gegen die Glaubensbewegung der «Deutschen Christen»

29. September: Reichserbhofgesetz

4. Oktober: Schriftleitergesetz schließt Juden aus der Publizistik aus

19. Oktober: Austritt aus dem Völkerbund

12. November: Letzte, manipulierte, Reichstagswahl mit Einheitsliste NSDAP (92 Prozent Ja-Stimmen)

1934   **26. Januar:** Nichtangriffspakt mit Polen

14./15. Juni: Treffen mit Mussolini in Venedig

30. Juni/1. Juli: Röhm-Affäre. Hitler und die NS-Führung (Goebbels, Göring, Himmler mit Heydrich) beseitigen mit Billigung und Zuspiel der Reichswehr (Blomberg, Reichenau) Röhm und die SA-Spitze unter Vorwand von Putschabsichten, an die Hitler anscheinend glaubt. Erschießung auch anderer Regimegegner (Gregor Strasser, Schleicher, Kahr)

20. Juli: Die SS wird selbständige Organisation

2. August: Hindenburg stirbt. Vereidigung der Reichswehr auf den «Führer und Reichskanzler Adolf Hitler». Ämter des Staatsoberhauptes und des Kanzlers vereinigt

1935   **13. Januar:** Volksabstimmung im Saargebiet. 91 Prozent für Rückgliederung ans Deutsche Reich

16. März: Gesetz «für den Aufbau der Wehrmacht». Allgemeine Wehrpflicht wiedereingeführt

18. Juni: Flottenabkommen mit Großbritannien. Deutsche Seestärke bis zu 35 Prozent der britischen vereinbart

15. September: «Nürnberger Gesetze» verbieten Ehen zwischen Juden und «Ariern»

1936   **7. März:** Einmarsch in die entmilitarisierte Zone des Rheinlandes; Bruch des Locarno-Vertrages

August: XI. Olympische Sommerspiele in Berlin

24. August: Wehrpflicht auf zwei Jahre erweitert

September: Vierjahresplan proklamiert. Darin enthält die Aufrüstung Gewicht. Organisator des Vierjahresplans: Göring («Kanonen statt Butter»)

25. Oktober: Deutsch-italienischer Vertrag («Achse Berlin–Rom») mit Verständigung über gemeinschaftliche Hilfe für das Falange-Regime Franco in Spanien. Dort wird die deutsche «Legion Condor» eingesetzt

1937   **30. Januar:** Verlängerung des Ermächtigungsgesetzes um vier Jahre

14. März: Enzyklika Pius' XI. «Mit brennender Sorge» wendet sich scharf gegen NS-Kirchenpolitik

25.–28. September: Mussolini besucht Berlin

5. November: Hitler enthüllt vor den Spitzen der Wehrmacht, dem Kriegsminister Blomberg und dem Außenminister Neurath seine Kriegspläne. Bedenken Neuraths, Blombergs und des Heeres-Oberbefehlshabers Fritsch. Neurath tritt zurück, wird durch Ribbentrop ersetzt, der gefügig ist. Blomberg und Fritsch werden bald darauf unehrenhaft entlassen

1938	**4. Februar:** Bildung eines Oberkommandos der Wehrmacht unter Keitel. Neuer Heeres-Oberbefehlshaber: Brauchitsch **11. März:** Deutscher Einmarsch in Österreich nach Ultimatum an Bundeskanzler Schuschnigg. «Anschluß» an das Deutsche Reich **3.–9. Mai:** Hitler in Rom **27. August:** Rücktritt des Generalstabschefs des Heeres Beck aus Gewissensgründen. Ersetzt durch Halder **September:** Sudetenkrise. Stärkster Druck Hitlers auf die internationale Politik und öffentliche Meinung zugunsten einer Trennung der volksdeutschen Siedlungsgebiete vom tschechoslowakischen Staat. Münchner Abkommen zwischen England, Frankreich, Italien, Deutschland beschließt Abtretung des Sudetenlandes an Deutschland. Einmarsch am 1. Oktober **8./9. November:** «Reichskristallnacht». Organisierter Pogrom als Rache für das Attentat eines Juden auf einen deutschen Diplomaten in Paris. Jetzt auch «Ausschaltung» der Juden aus der Wirtschaft; Verbot des Besuchs staatlicher Schulen
1939	**15. März:** Einmarsch deutscher Truppen in die «Rest-Tschechei». Errichtung des «Protektorats Böhmen und Mähren». Ende der britischen Appeasement-Politik **23. März:** Einmarsch ins Memelgebiet **23. August:** Deutsch-sowjetischer Nichtangriffspakt mit geheimem Zusatzprotokoll über Aufteilung Ostmitteleuropas in Interessensphären **1. September:** Beginn des deutschen Angriffs auf Polen **3. September:** Kriegserklärung Englands und Frankreichs an das Deutsche Reich **17. September:** Sowjetische Truppen marschieren in Ostpolen ein **6. Oktober:** Letzter polnischer Widerstand erlischt **Oktober:** Euthanasie-Programm läuft an: Tötung unheilbar Geisteskranker, unter Geheimhaltung; später abgebrochen nach offener Kritik von kirchlicher Seite (Graf Galen u. a.) **8. November:** Bombenattentat im Münchner Bürgerbräukeller durch den Einzelgänger Georg Elser gegen Hitler, der nicht mehr anwesend ist. Acht Tote, 63 Verletzte
1940	**9. April:** Feldzug gegen Norwegen beginnt. Dänemark fast kampflos besetzt. Invasion in Norwegen kommt den Engländern zuvor **10. Mai:** Beginn des Westfeldzugs **15. Mai:** Niederlande kapitulieren **28. Mai:** Belgien kapituliert **22. Juni:** Frankreich legt die Waffen nieder **27. September:** Dreimächtepakt Deutschland–Italien–Japan
1941	**31. März:** Beginn der Operation des deutschen Afrika-Korps (Rommel) **6. April:** Balkan-Feldzug beginnt **17. April:** Jugoslawien kapituliert **20. April:** Griechenland kapituliert. Die Kämpfe gegen die Engländer gehen weiter bis zum 1. Juni (Eroberung Kretas) **22. Juni:** Überfall auf Rußland («Unternehmen Barbarossa» mit drei

Millionen Mann). Hinter der Front beginnt die Ausrottung der russischen Juden, wobei besonders Ukrainer und Litauer helfen

6. Dezember: Deutsche Offensive auf Moskau bleibt stecken

11. Dezember: Deutschland erklärt, zusammen mit Italien, den Krieg an die USA, nachdem Japan Pearl Harbor angegriffen hat (7. Dezember)

1942 **20. Januar:** «Wannsee-Konferenz» (Vorsitz Heydrich) leitet «Endlösung der Judenfrage» ein in verschleierndem Wortgebrauch. Von Vernichtungslagern nicht die Rede. Es sind schon errichtet oder werden errichtet: Auschwitz-Birkenau, Belzec, Chelmno, Majdanek, Sobibor, Treblinka (alle in Polen). Massentötungen von Juden aus ganz Europa. Die Gesamtzahl der Opfer, einschließlich der russischen Juden, ist nicht mehr zu ermitteln. Die untere Grenze seriöser Schätzungen liegt bei 4,2 Millionen

10. September: Die äußerste Grenze des deutschen Vormarschs in Rußland erreicht (südlicher Kaukasus); in Nordafrika war die Offensive schon im Juni vor Alexandria (El Alamein) steckengeblieben. Sichtbare Peripetie des Krieges. Die Gegnerseite drängt Deutschland in die Verteidigung

23. Oktober: Gegenoffensive der Engländer bei El Alamein

7./8. November: Landung alliierter Streitkräfte in Marokko und Algerien. Dadurch Zangenbewegung

11. November: Deutscher Einmarsch im unbesetzten Südfrankreich

1943 **14.–26. Januar:** Amerikanisch-britische Konferenz von Casablanca fordert bedingungslose Kapitulation («Casablanca-Formel»)

2. Februar: Die Reste der 6. Armee in Stalingrad kapitulieren

18. Februar: Goebbels proklamiert den Totalen Krieg

19. April–16. Mai: Aufstand im Warschauer Ghetto

13. Mai: Deutsch-italienisches Afrikakorps kapituliert in Tunesien

Juli: Mit der Zerstörung weiter Teile Hamburgs tritt der alliierte Bombenkrieg in die Phase der großen Flächenangriffe

10. Juli: Amerikaner und Briten landen auf Sizilien

25. Juli: Sturz Mussolinis in Italien

13. Oktober: Kriegserklärung Italiens an Deutschland

28. November–1. Dezember: Konferenz von Teheran (Roosevelt, Churchill, Stalin). Aufteilung Deutschlands und Gebietsabtretungen an Polen beschlossen

1944 **6. Juni:** Landung der Westalliierten in der Normandie. Bezwingung des «Atlantikwalls»

20. Juli: Attentat der deutschen Widerstandsbewegung gegen Hitler scheitert, da die Bombe des Obersten Stauffenberg in Rastenburg/ Ostpreußen ihn nur leicht verletzt. Die Rachejustiz (Volksgerichtshof: Roland Freisler) reißt eine politisch-militärische Elite sittlicher Gesinnung mit in den Untergang; mindestens zweihundert Hinrichtungen bis unmittelbar vor Kriegsende

25. September: «Volkssturm» als letztes Aufgebot zur Verteidigung des Reiches gegründet

11. Oktober: Erster Einbruch der Sowjets in Ostpreußen

21. Oktober: Aachen als erste deutsche Stadt im Westen erobert

16.–24. Dezember: Ardennen-Offensive. Letztes deutsches Groß-unternehmen. Nur Anfangserfolge

1945 **12. Januar:** Durchbruch der Sowjets an der Weichsel. Massenflucht aus den deutschen Ostgebieten setzt ein

4.–11. Februar: Konferenz von Jalta (Stalin, Roosevelt, Churchill). Teilung Deutschlands in vier Besatzungszonen beschlossen; Reparationen

13. Februar: Tragödie Dresdens durch Flächenbombardement. Wegen Überfüllung durch Flüchtlinge genaue Zahlen der Opfer nie ermittelt

19. März: «Nero-Befehl» Hitlers: Zerstörung aller für den Feind nützlichen Industrie- und Versorgungsanlagen in Deutschland. Großenteils boykottiert, vor allem durch Rüstungsminister Speer

13. April: Tod Roosevelts. Nachfolger: Harry S. Truman

25. April: Sowjetische und amerikanische Truppen vereinigen sich an der Elbe bei Torgau

29. April: Hitler diktiert politisches und persönliches Testament im Bunker der Reichskanzlei. Eheschließung mit Eva Braun

30. April: Freitod beider. Großadmiral Dönitz Nachfolger Hitlers als Staatsoberhaupt

2. Mai: Berlin kapituliert

7. Mai: Unterzeichnung der Kapitulation der deutschen Streitkräfte in Reims. Wiederholung am 9. Mai in Berlin

9. Mai: Waffenruhe an allen europäischen Fronten

Zeugnisse

Eduard Huemer, 1923
Belehrungen und Mahnungen seiner Lehrer wurden nicht selten mit schlecht verhülltem Widerwillen entgegengenommen, wohl aber verlangte er von seinen Mitschülern unbedingte Unterordnung, gefiel sich in der Führerrolle ...

Zeugnis für den Hitler-Prozeß

Ernst Niekisch, 1931
Hitler, seine Haltung, seine Lehre: das alles ist auf ... Kleinbürger zugeschnitten. Das ist Ballen der Fäuste, Rollen der Augen, donnernder Ingrimm, ohne den Zwang, auf die Probe gestellt zu werden. Hinter den Gefühlsexplosionen verbirgt sich der Mangel der Tatentschlossenheit.

«Hitler – ein deutsches Verhängnis»

Friedrich Meinecke, 1932
Die Hitler-Bewegung hat einen großen Teil der akademischen Jugend erfaßt. Es steht jetzt ... tatsächlich beinahe so, daß das ältere Deutschland das jüngere Deutschland fest am Ärmel packen und von dem Abgrund zurückziehen muß, in den es in seiner Aufregung zu stürzen sich anschickt ... es sind die politischen und wirtschaftlichen Auswirkungen des unseligen, jetzt selbst von einsichtigen Franzosen als Unheil erkannten Versailler Friedens, die den Nährboden der Hitler-Bewegung bilden und die deutsche Jugend jetzt am schwersten getroffen haben.

«Osterwort an die deutsche Jugend»

Theodor Heuss, 1932
Er glaubte an das, was er sagte. Auch daran, daß die Stunde auf den Retter des Volkes, auf den Erneuerer versunkener, auf den Schöpfer neuer Werte harre. Durch die Reden jener frühen Zeit vollzog sich in der ewig gleichen Abfolge wilder Anklagen eine ewig gleiche, seelische Selbststeigerung, in der der Sprechende seine persönliche «Sendung» fühlte und erlebte.

«Hitlers Weg»

Winston Churchill, 1935

Hitlers triumphale Karriere ist nicht allein durch eine leidenschaftliche Liebe zu Deutschland bis hierher gelangt, sondern auch durch Ströme von Haß, deren Intensität die Seelen derer verdorren läßt, die auf ihnen schwimmen ... Wir wissen nicht, ob Hitler der Mann sein wird, der die Welt mit einem neuerlichen Krieg überzieht, in dem die Zivilisation nicht wiedergutzumachenden Schaden erleidet – oder ob er als derjenige in die Geschichte eingehen wird, der der großen deutschen Nation Ehre und Seelenfrieden zurückgab und sie als friedfertigen, hilfreichen und starken Partner wieder in die europäische Völkerfamilie einreihte. Das liegt bei der Zukunft, und die Geschichte wird es offenbaren. Genug zu sagen, daß beide Möglichkeiten aus derzeitiger Sicht gegeben sind.

«Große Zeitgenossen»

Thomas Mann, 1938

Muß man nicht, ob man will oder nicht, in dem Phänomen eine Erscheinungsform des Künstlertums wiedererkennen? Es ist, auf eine gewisse beschämende Weise, alles da: «Schwierigkeit», Faulheit und klägliche Undefinierbarkeit der Frühe, das Nichtunterzubringensein, das Was-willst-du-nun-eigentlich?, das halb blöde Hinvegetieren in tiefster sozialer und seelischer Bohème, das im Grunde hochmütige, im Grunde sich für zu gut haltende Abweisen jeder vernünftigen und ehrenwerten Tätigkeit – auf Grund wovon? Auf Grund einer dumpfen Ahnung, vorbehalten zu sein für etwas ganz Unbestimmbares, bei dessen Nennung, wenn es zu nennen wäre, die Menschen in Gelächter ausbrechen würden. Dazu das schlechte Gewissen, das Schuldgefühl, die Wut auf die Welt, der revolutionäre Instinkt, die unterbewußte Ansammlung explosiver Kompensationswünsche, das zäh arbeitende Bewußtsein, sich zu rechtfertigen, zu beweisen ... Es ist eine reichlich peinliche Verwandtschaft. Ich will trotzdem die Augen nicht davor verschließen.

«Bruder Hitler»

Joachim Fest, 1973

Die bekannte Geschichte verzeichnet keine Erscheinung wie ihn; soll man ihn «groß» nennen? Niemand hat soviel Jubel, Hysterie und Heilserwartung geweckt wie er; niemand soviel Haß. Kein anderer hat, in einem nur wenige Jahre dauernden Alleingang, dem Zeitlauf so unglaubliche Beschleunigung gegeben und den Weltzustand verändert wie er; keiner hat eine solche Spur von Trümmern hinterlassen. Erst eine Koalition fast aller Weltmächte hat ihn in einem annähernd sechs Jahre dauernden Krieg gleichsam vom Erdboden getilgt: totgeschlagen, mit den Worten eines Offiziers aus dem deutschen Widerstand, «wie einen tollen Hund».

Die eigene Person zu verhüllen wie zu verklären, war eine der Grundanstrengungen seines Lebens. Kaum eine Erscheinung der Geschichte hat sich so gewaltsam, mit so pedantisch anmutender Konsequenz stilisiert und im Persönlichen unauffindbar gemacht. Die Vorstellung, die er von sich hatte, kam einem Monument näher als dem Bilde eines Menschen. Zeitlebens war er bemüht, sich dahinter zu verbergen.

«Hitler. Eine Biographie»

Eberhard Jäckel, 1981
Die Deutschen sind von Hitler befreit worden und werden ihn doch niemals loswerden ... auch der tote Hitler [wird] immer mit den Deutschen sein, mit den Überlebenden, mit den Nachlebenden und sogar mit den Ungeborenen, nicht so wie mit den Mitlebenden, aber als ewiges Denkmal des Menschenmöglichen.

«Hitler und die Deutschen»

Bibliographie

Die Literatur über Hitler, das Dritte Reich, den Zweiten Weltkrieg ist unüber-
schaubar geworden, daher auch nirgends mehr vollständig zu erfassen. Doch veröffentlicht das Institut für Zeitgeschichte in München im Rahmen seiner Viertel-
jahrshefte alle zwei Jahre eine aktuelle Bibliographie zur Zeitgeschichte. Darauf
sei verwiesen. Die nachfolgende Übersicht zu unserem Thema beschränkt sich unvermeidlich auf eine knappe Auswahl wichtiger Titel. Genannt wird jeweils die
Erstauflage, bei erkennbarer späterer Neufassung auch diese. Wo der Vf. aus einer
anderen als der Erstausgabe zitiert, wird es vermerkt («Hier ...»).

1. Zeugnisse

a) Eigenes

Hitler. Sämtliche Aufzeichnungen 1905–1924. Hg. von EBERHARD JÄCKEL zus. mit
AXEL KUHN. Stuttgart 1980

Hitlers Briefe und Notizen. Sein Weltbild in handschriftlichen Dokumenten. Hg.
von WERNER MASER. Düsseldorf 1973

HITLER, ADOLF: Mein Kampf. Bd. I München 1925, Bd. II 1927 (Hier: 40. Aufl.
1933)

Hitlers Zweites Buch. Ein Dokument aus dem Jahr 1928. Hg. von GERHARD L.
WEINBERG. Stuttgart 1961

Hitler. Reden und Proklamationen 1932–1945. Hg. und kommentiert von MAX
DOMARUS. 2 Bde. Neustadt a.d. Aisch 1962

Hitlers Weisungen für die Kriegführung 1939–1945. Dokumente des Oberkommandos der Wehrmacht. Hg. von WALTHER HUBATSCH. Frankfurt 1962

b) Gespräche, Konferenzen

HILLGRUBER, ANDREAS (Hg.): Staatsmänner und Diplomaten bei H. Vertrauliche
Aufzeichnungen über Unterredungen mit Vertretern des Auslands. 2 Bde.
Frankfurt 1967 und 1970

Hitlers Lagebesprechungen. Die Protokollfragmente seiner militärischen Konferenzen 1942–1945. Hg. von HELMUT HEIBER. Stuttgart 1962

Hitlers Tischgespräche im Führerhauptquartier 1941–1942. Hg. von HENRY
PICKER. Stuttgart 1963 (Hier: München 1981)

Hitlers Tischgespräche im Führerhauptquartier. Hg. von PERCY ERNST SCHRAMM.
Stuttgart 1964

RAUSCHNING, HERMANN: Gespräche mit H. Zürich 1940

TREVOR-ROPER, HUGH R.: Hitlers Testament. Die letzten Gespräche mit Bormann (Februar 1945). In: Der Monat 14/1961

2. Andere zeitgleiche Quellen

ANGER, WALTER (Hg.): Das Dritte Reich in Dokumenten. Frankfurt 1957

BESYMENSKI, LEW: Der Tod des A. H. Unbekannte Dokumente aus Moskauer Archiven. Hamburg 1968

BOBERACH, HEINZ (Hg.): Meldungen aus dem Reich. Auswahl aus den geheimen Lageberichten des Sicherheitsdienstes der SS 1939–1944. Neuwied 1965

BOELCKE, WILLI A. (Hg.): Wollt ihr den totalen Krieg? Die geheimen Goebbels-Konferenzen 1939–1943. Stuttgart 1967

BUCHBENDER, ORTWIN; STERZ, REINHOLD (Hg.): Das andere Gesicht des Krieges. Deutsche Feldpostbriefe 1939–1945. München 1982

DEUERLEIN, ERNST (Hg.): Der Hitler-Putsch. Bayerische Dokumente zum 8./9. November 1923. Stuttgart 1962

Der Aufstieg der NSDAP in Augenzeugenberichten. Düsseldorf 1968 (Hier: München 1974)

FRANK, ANNE: Het Achterhuis. Amsterdam 1946. Dt.: Das Tagebuch der Anne Frank. Heidelberg 1950

GOEBBELS, JOSEPH: Das Tagebuch von J. G. 1925/26. Mit anderen Dokumenten hg. von HELMUT HEIBER. Stuttgart o. J.

Vom Kaiserhof zur Reichskanzlei. Eine historische Darstellung in Tagebuchblättern. München 1934

Tagebücher aus den Jahren 1942–43. Mit anderen Dokumenten hg. von LOUIS P. LOCHNER. Zürich 1948

Tagebücher 1945. Die letzten Aufzeichnungen. Hamburg 1977

GOSZTONY, PETER (Hg.): Der Kampf um Berlin 1945 in Augenzeugenberichten. Düsseldorf 1970

HALDER, FRANZ: Kriegstagebuch. Tägliche Aufzeichnungen des Chefs des Generalstabes des Heeres 1939–1942. 3 Bde. Stuttgart 1962–1964

HIMMLER, HEINRICH: Geheimreden 1933–1945 und andere Ansprachen. Hg. von BRADLEY F. SMITH und AGNES F. PETERSON. Berlin 1974

HOFER, WALTHER (Hg.): Der Nationalsozialismus. Dokumente 1933–1945. Frankfurt 1957

Im Feuer vergangen. Tagebücher aus dem Ghetto. Berlin (Ost) 1960

JACOBSEN, HANS-ADOLF (Hg.): Dokumente zur Vorgeschichte des Westfeldzuges 1939–1940. Göttingen 1956

Der Zweite Weltkrieg in Chronik und Dokumenten. Darmstadt 1959

JACOBSEN, HANS-ADOLF; DOLLINGER, H. (Hg.): Der Zweite Weltkrieg in Bildern und Dokumenten. 3 Bde. München 1962/63

JACOBSEN, HANS-ADOLF; JOCHMANN, WERNER (Hg.): Ausgewählte Dokumente zur Geschichte des Nationalsozialismus 1933–1945. Bielefeld 1961

KARDORFF, URSULA VON: Berliner Aufzeichnungen. Aus den Jahren 1942–1945. München 1962

KERSTEN, FELIX: Totenkopf und Treue. Heinrich Himmler ohne Uniform. Aus den Tagebuchblättern des finnischen Medizinalrates F. K. Hamburg 1952

MORITZ, ERHARD (Hg.): Fall Barbarossa. Dokumente zur Vorbereitung der faschistischen Wehrmacht auf die Aggression gegen die Sowjetunion (1940/41). Berlin (Ost) 1970

POLIAKOV, LÉON; WULF, JOSEPH (Hg.): Das Dritte Reich und die Juden. Berlin 1955

Das Dritte Reich und seine Diener. Berlin 1956

Das Dritte Reich und seine Denker. Berlin 1959

ROSENBERG, ALFRED: Der Mythus des 20. Jahrhunderts. München 1930

Das politische Tagebuch A. R. s aus den Jahren 1934/35 und 1939/40. Hg. von HANS-GÜNTHER SERAPHIM. Göttingen 1956

SCHMOLZE, GERHARD (Hg.): Revolution und Räterepublik in München 1918/19 in Augenzeugenberichten. Düsseldorf 1969

SCHOENBERNER, GERHARD (Hg.): Der gelbe Stern. Die Judenverfolgung in Europa 1933–1945. Gütersloh 1960

SCHRAMM, PERCY ERNST (Hg.): Kriegstagebuch des Oberkommandos der Wehrmacht. 7 Bde. Frankfurt 1961 f

Die Niederlage 1945. Aus dem Kriegstagebuch des Oberkommandos der Wehrmacht. München 1962

SHIRER, WILLIAM L.: Berlin Diary. The Journal of a Foreign Correspondent, 1934–41. New York 1941

STAFF, ILSE: Justiz im Dritten Reich. Eine Dokumentation. Frankfurt 1964

Stroop-Bericht: «Es gibt keinen jüdischen Wohnbezirk in Warschau mehr». Darmstadt 1960

TREUE, WILHELM (Hg.): Deutschland in der Weltwirtschaftskrise in Augenzeugenberichten. Düsseldorf 1967

TYRELL, ALBRECHT (Hg.): Führer befiehl ... Selbstzeugnisse aus der «Kampfzeit» der NSDAP. Düsseldorf 1969

VOLLMER, BERNHARD (Hg.): Volksopposition im Polizeistaat. Gestapo- und Regierungsberichte 1934–1936. Stuttgart 1957

WULF, JOSEPH (Hg.): Presse und Funk im Dritten Reich. Eine Dokumentation. Gütersloh 1964

3. Nürnberger Prozeß

Der Prozeß gegen die Hauptkriegsverbrecher vor dem Internationalen Militärgerichtshof. 42 Bde. Nürnberg 1947–1949

Trials of War Criminals before the Nuernberg Military Tribunals. October 1946 – April 1949. 15 Bde. Washington 1949–1953

ANDERS, KARL: Im Nürnberger Irrgarten. Nürnberg 1948

HEYDECKER, JOE J.; LEEB, JOHANNES: Der Nürnberger Prozeß. Bilanz der Tausend Jahre. Köln 1958. Neuf. Köln 1979

MASER, WERNER: Nürnberg. Tribunal der Sieger. Düsseldorf 1977

SMITH, BRADLEY F.: Reaching Judgment at Nuremberg. The Untold Story of How the Nazi War Criminals Were Judged. New York 1976. Dt.: Der Jahrhundert-Prozeß. Die Motive der Richter von Nürnberg. Anatomie einer Urteilsfindung. Frankfurt 1977

TAYLOR, TELFORD: Kriegsverbrechen und Völkerrecht. Zürich 1950

4. Erinnerungen

BOR, PETER: Gespräche mit Halder. Wiesbaden 1950

BRAUN, OTTO: Von Weimar bis Hitler. New York 1940

BRÄUTIGAM, OTTO: So hat es sich zugetragen. Ein Leben als Soldat und Diplomat. Würzburg 1968

BRÜNING, HEINRICH: Memoiren 1918–1934. Stuttgart 1970

BURCKHARDT, CARL J.: Meine Danziger Mission 1937–1939. Zürich 1960

DAVID, JANINA: A Square of Sky. The Recollections of a Childhood. London 1965.
Dt.: Ein Stück Himmel. Erinnerungen an eine Kindheit. München 1981
A Touch of Earth. A Wartime Childhood. London 1969. Dt.: Ein Stück Erde.
Das Ende einer Kindheit. München 1982

DIETRICH, OTTO: 12 Jahre mit H. München 1955

DÖNITZ, KARL: Zehn Jahre und zwanzig Tage. Frankfurt 1964

FRANÇOIS-PONCET, ANDRÉ: Souvenirs d'une Ambassade à Berlin. Paris 1946. Dt.:
Botschafter in Berlin 1931–1938. Mainz 1947

FRANK, HANS: Im Angesicht des Galgens. Deutung Hitlers und seiner Zeit auf
Grund eigener Erlebnisse und Erkenntnisse. München 1953

GUDERIAN, HEINZ: Erinnerungen eines Soldaten. Heidelberg 1951

GÜSTROW, DIETRICH: Tödlicher Alltag. Strafverteidiger im Dritten Reich. Berlin
1981

HANFSTAENGL, ERNST: Zwischen Weißem und Braunem Haus. Erinnerungen eines politischen Außenseiters. München 1970

HEUSINGER, ADOLF: Befehl im Widerstreit. Tübingen 1950

HEUSS, THEODOR: Erinnerungen 1905–1933. Tübingen 1963 (Hier: Frankfurt
1965)

HILGER, GUSTAV: Wir und der Kreml. Deutsch-sowjetische Beziehungen 1918–
1941. Erinnerungen eines deutschen Diplomaten. Frankfurt 1955

HOFFMANN, HEINRICH: Hitler was my Friend. London 1955

HÖSS, RUDOLF: Kommandant in Auschwitz. Stuttgart 1958

KORDT, ERICH: Nicht aus den Akten. Die Wilhelmstraße in Frieden und Krieg.
Erlebnisse, Begegnungen und Eindrücke 1928–1945. Stuttgart 1950

KRAUSE, KARL WILHELM: Zehn Jahre Kammerdiener bei H. Hamburg 1949

KREBS, ALBERT: Tendenzen und Gestalten der NSDAP. Erinnerungen an die
Frühzeit der Partei. Stuttgart 1959

KUBIZEK, AUGUST: A. H., mein Jugendfreund. Graz 1953

LANG, JOCHEN VON: Das Eichmann-Protokoll. Tonbandaufzeichnungen der isra-
elischen Verhöre. Berlin 1982

LUEDECKE, KURT: I knew H. London 1938

MANSTEIN, ERICH VON: Verlorene Siege. Bonn 1958

MEISSNER, OTTO: Staatssekretär unter Ebert–Hindenburg–Hitler. Der Schicksals-
weg des deutschen Volkes von 1918 bis 1945, wie ich ihn erlebte. Hamburg 1950

NOSKE, GUSTAV: Erlebtes aus Aufstieg und Niedergang einer Demokratie. Offen-
bach 1947

PAPEN, FRANZ VON: Der Wahrheit eine Gasse. München 1952

RIBBENTROP, JOACHIM VON: Zwischen London und Moskau. Erinnerungen und
letzte Aufzeichnungen. Leoni 1953

SCHACHT, HJALMAR: 76 Jahre meines Lebens. München 1953

SCHELLENBERG, WALTER: Memoiren. Köln 1956

SCHIRACH, BALDUR VON: Ich glaubte an H. Hamburg 1967

SCHLABRENDORFF, FABIAN VON: Offiziere gegen H. Zürich 1946 (Hier: Frankfurt
1959)

SCHMIDT, PAUL: Statist auf diplomatischer Bühne 1923–1945. Erlebnisse des Chef-
dolmetschers im Auswärtigen Amt mit den Staatsmännern Europas. Bonn 1949

SCHOLL, INGE: Die weiße Rose. Frankfurt 1953 (Hier: 1955)

SPEER, ALBERT: Erinnerungen. Berlin 1969
  Spandauer Tagebücher. Berlin 1975
STRASSER, OTTO: H. und ich. Konstanz 1948
WIEDEMANN, FRITZ: Der Mann, der Feldherr werden wollte. Erlebnisse und Er-
  fahrungen des Vorgesetzten Hs. im Ersten Weltkrieg und seines späteren per-
  sönlichen Adjutanten. Velbert 1964
ZIEGLER, HANS SEVERUS: H. aus dem Erleben dargestellt. Göttingen 1964
ZWEIG, STEFAN: Die Welt von gestern. Erinnerungen eines Europäers. Stockholm
  1942

5. Biographien, Charakteristiken

BINION, RUDOLPH: H. among the Germans. New York 1976. Dt.: «... daß ihr mich
  gefunden habt». H. und die Deutschen: eine Psychohistorie. Stuttgart 1978
BUCHHEIT, GERT: H., der Feldherr. Die Zerstörung einer Legende. Rastatt 1958
BULLOCK, ALAN: A Study in Tyranny. London 1952. Neuf. 1962. Dt.: Eine Studie
  über Tyrannei. Düsseldorf 1953
DEUERLEIN, ERNST: H. Eine politische Biographie. München 1970
EITNER, HANS-JÜRGEN: «Der Führer». Hitler – Persönlichkeit und Charakter.
  München 1982
FABRY, PHILIPP W.: Mutmaßungen über H. Urteile von Zeitgenossen. Düsseldorf
  1967
FEST, JOACHIM: Das Gesicht des Dritten Reiches. Profile einer totalitären Herr-
  schaft. München 1963
  H. Eine Biographie. Berlin 1973
GISEVIUS, HANS BERND: A. H. Eine Biographie. Versuch einer Deutung. Mün-
  chen 1963. Neuf. München 1967
GÖRLITZ, WALTER: A. H. Göttingen 1960
GÖRLITZ, WALTER; QUINT, HERBERT: A. H. Eine Biographie. Stuttgart 1952
GUN, NERIN E.: Eva Braun-Hitler. Leben und Schicksal. Velbert 1968
HAFFNER, SEBASTIAN: Anmerkungen zu H. München 1978
HEIBER, HELMUT: A. H. Eine Biographie. Berlin 1960
HEIDEN, KONRAD: A. H. 2 Bde. Zürich 1936
HEUSS, THEODOR: Hs. Weg. Stuttgart 1932
JETZINGER, FRANZ: Hs. Jugend. Phantasien, Lügen – und die Wahrheit. Wien 1956
MASER, WERNER: Die Frühgeschichte der NSDAP. Hs. Weg bis 1924. Frankfurt
  1965
  A. H. Legende, Mythos, Wirklichkeit. München 1971. Neuf.: A. H. Biographie.
  Erw. 7. Aufl. München 1978
  Mein Schüler H. Das Tagebuch seines Lehrers Paul Devrient. Hg. von WERNER
  MASER. Pfaffenhofen 1975
MEND, HANS: A. H. im Felde 1914–1918. Gießen 1931
MILLER, ALICE: Am Anfang war Erziehung. Frankfurt 1980
NIEKISCH, ERNST: H. – Ein deutsches Verhängnis. Berlin 1931
RÖHRS, HANS-DIETRICH: H. Die Zerstörung einer Persönlichkeit. Grundlagen der
  Feststellungen zum Krankheitsbild. Neckargemünd 1965
SCHRAMM, PERCY ERNST: H. als militärischer Führer. Erkenntnisse und Erfahrun-
  gen aus dem Kriegstagebuch des Oberkommandos der Wehrmacht. Frankfurt
  1962

Anatomie eines Diktators. In: Hs. Tischgespräche im Führerhauptquartier. Hg. von P. E. Sch. Stuttgart 1964, sowie in: Der Spiegel 5–10/1964

SMITH, BRADLEY F.: A. H. His Family, Childhood and Youth. Stanford 1967

STEFFAHN, HARALD: Vom armen Teufel zum Herrn über Deutschland. Hs. Weg bis 1933. In: ZENTNER, Das Dritte Reich, Heft 6–14/1974

STIERLIN, HELM: A. H. Familienperspektiven. Frankfurt 1975

TOLAND, JOHN: A. H. New York 1976. Dt.: Bergisch-Gladbach 1977

TREVOR-ROPER, HUGH R.: The Mind of A. H. In: Hs. Table Talk 1941–1942. Hg. von H. T.-R. London 1953

ZENTNER, CHRISTIAN: A. H. Texte, Bilder, Dokumente. München 1979

ZOLLER, ALBERT: H. privat. Erlebnisbericht seiner Geheimsekretärin. Düsseldorf 1949

6. Zeitüberblicke, Gesamtdarstellungen

BROSZAT, MARTIN: Der Staat Hs. dtv-Weltgeschichte des 20. Jahrhunderts. Bd. 9. München 1969

CARTIER, RAYMOND: La seconde guerre mondiale. Paris 1965. Dt.: Der Zweite Weltkrieg. München 1967

CHURCHILL, WINSTON: The Second World War. 5 Bde. Boston 1948f. Dt.: Der Zweite Weltkrieg. Zürich 1949f

CONZE, WERNER: Die Zeit Wilhelms II. und die Weimarer Republik. Deutsche Geschichte 1890–1933. Tübingen 1964

CRAIG, GORDON A.: Germany 1866–1945. Oxford 1978. Dt.: Deutsche Geschichte 1866–1945. Vom Norddeutschen Bund bis zum Ende des Dritten Reiches. München 1980

DEIST, WILHELM; MESSERSCHMIDT, MANFRED; VOLKMANN, HANS-ERICH; WETTE, WOLFRAM (Hg.): Das Deutsche Reich und der Zweite Weltkrieg. 10 Bde. Stuttgart 1979f

Droste Geschichts-Kalendarium. Chronik deutscher Zeitgeschichte. Politik – Wirtschaft – Kultur. Bd. 1: Die Weimarer Republik. Bd. 2/I: Das Dritte Reich 1933–1939. Hg. von MANFRED OVERESCH und FRIEDRICH WILHELM SAAL. Düsseldorf 1982

EYCK, ERICH: Geschichte der Weimarer Republik. 2 Bde. Erlenbach 1954 und 1956

FREUND, MICHAEL: Deutschland unterm Hakenkreuz. Die Geschichte der Jahre 1933–1945. Gütersloh 1965

GRUCHMANN, LOTHAR: Der Zweite Weltkrieg. dtv-Weltgeschichte des 20. Jahrhunderts. Bd. 10. München 1967

HEIBER, HELMUT: Die Republik von Weimar. dtv-Weltgeschichte des 20. Jahrhunderts. Bd. 3. München 1966

HILLGRUBER, ANDREAS: Deutsche Großmacht- und Weltpolitik im 19. und 20. Jahrhundert. Düsseldorf 1977
Die gescheiterte Großmacht. Eine Skizze des Deutschen Reiches 1871–1945. Düsseldorf 3. Aufl. 1982

IRVING, DAVID: H. und seine Feldherren. Frankfurt 1975
Hs. War. New York 1977. Dt.: Hs. Krieg. I. Die Siege. München 1982

MANN, GOLO: Deutsche Geschichte des 19. und 20. Jahrhunderts. Frankfurt 1958 (Hier: Stuttgart 1966)

MAU, HERMANN; KRAUSNICK, HELMUT: Deutsche Geschichte der jüngsten Vergangenheit 1933–1945. Tübingen 1956

REDLICH, JOSEPH: Das österreichische Staats- und Reichsproblem. Geschichtliche Darstellung der inneren Politik der Habsburger Monarchie von 1848 bis zum Untergang des Reiches. 2 Bde. Leipzig 1920 und 1926

ROSENBERG, ARTHUR: Entstehung und Geschichte der Weimarer Republik. Frankfurt 1955

SCHULZE, HAGEN: Weimar. Deutschland 1917–1933. Die Deutschen und ihre Nation. Bd. 4. Berlin 1982

SCHWARZ, ALBERT: Die Weimarer Republik. Konstanz 1958

SHIRER, WILLIAM L.: Aufstieg und Fall des Dritten Reiches. Köln 1961

STAMPFER, FRIEDRICH: Die vierzehn Jahre der ersten deutschen Republik. Karlsbad 1936

TIPPELSKIRCH, KURT VON: Geschichte des Zweiten Weltkriegs. Bonn 1954

WILDE, HARRY: Die Reichskanzlei 1933–1945. Befehlszentrale des Dritten Reiches. Bergisch-Gladbach 1978

ZENTNER, CHRISTIAN (Hg.): Das III. Reich. Partwork-Reihe Hamburg 1974–1976; mit Sondernummern «A. H.», «Hitler-Jugend», «Hs. Endlösung» etc.

7. Einzelne Zeitabschnitte, Ereignisse

BENZ, WOLFGANG; GRAML, HERMANN (Hg.): Sommer 1939. Die Großmächte und der europäische Krieg. Stuttgart 1979

BOLDT, GERHARDT: Die letzten Tage der Reichskanzlei. Hamburg 1947

BRECHT, ARNOLD: Vorspiel zum Schweigen. Das Ende der deutschen Republik. Wien 1948

BRONDER, DIETRICH: Bevor H. kam. Hannover 1964

CARELL, PAUL: Unternehmen Barbarossa. Der Marsch nach Rußland. Frankfurt 1963

Verbrannte Erde. Schlacht zwischen Wolga und Weichsel. Frankfurt 1966

DEUERLEIN, ERNST: Hs. Eintritt in die Politik. In: Vj.hefte f. Zeitgesch. 7 (1959)

EHLERS, DIETER: Technik und Moral einer Verschwörung. Der Aufstand am 20. Juli 1944. Frankfurt 1964

FRANZ-WILLING, GEORG: Die Hitlerbewegung. Der Ursprung 1919–1922. Hamburg 1962

HAFFNER, SEBASTIAN: Die deutsche Revolution 1918/19. Wie war es wirklich? Bern 1969 (Hier: München 1979)

HENTSCHEL, VOLKER: Weimars letzte Monate. H. und der Untergang der Republik. Düsseldorf 1978

HOFMANN, HANS HUBERT: Der Hitler-Putsch. Krisenjahre deutscher Geschichte 1920–1924. München 1961

KRANNHALS, HANNS VON: Der Warschauer Aufstand 1944. Frankfurt 1962

KURZMAN, DAN: The Bravest Battle. New York 1976. Dt.: Der Aufstand. Die letzten Tage des Warschauer Ghettos. München 1979

SPEIDEL, HANS: Invasion 1944. Ein Beitrag zu Rommels und des Reiches Schicksal. Tübingen 1961

THORWALD, JÜRGEN: Es begann an der Weichsel. Stuttgart 1950

Das Ende an der Elbe. Stuttgart 1950

TOBIAS, FRITZ: Der Reichstagsbrand. Legende und Wirklichkeit. Rastatt 1962

TREVIRANUS, GOTTFRIED REINHOLD: Das Ende von Weimar. Heinrich Brüning und seine Zeit. Düsseldorf 1968

TREVOR-ROPER, HUGH R.: The Last Days of H. London 1947. Dt.: Hs. letzte Tage. Zürich 1948

WENDT, BERND-JÜRGEN: München 1938. England zwischen H. und Preußen. Frankfurt 1965

ZELLER, EBERHARD: Geist der Freiheit. Der 20. Juli. München 1952
20. Juli 1944. Hg. von der Bundeszentrale f. Heimatdienst. Bonn 1952. Neubearb. 3. Aufl. Bonn 1960

8. Strukturprobleme, Analysen

ADAM, UWE DIETRICH: Judenpolitik im Dritten Reich. Düsseldorf 1972

ADLER, HANS-GÜNTER: Der verwaltete Mensch. Studien zur Deportation der Juden aus Deutschland. Tübingen 1974

ARENDT, HANNAH: Elemente und Ursprünge totalitärer Herrschaft. Frankfurt 1962

BEESLY, PATRICK: Very Special Intelligence. London 1977. Dt.: Geheimdienstkrieg der britischen Admiralität 1939–1945. Frankfurt 1978

BENNECKE, HEINRICH: H. und die SA. München 1962

BOVERI, MARGRET: Der Verrat im XX. Jahrhundert. Hamburg 1956

BRACHER, KARL DIETRICH: Die Auflösung der Weimarer Republik. Eine Studie zum Problem des Machtverfalls in der Demokratie. Villingen 1955
Die deutsche Diktatur. Entstehung, Struktur, Folgen des Nationalsozialismus. Köln 1969
Zeitgeschichtliche Kontroversen um Faschismus, Totalitarismus, Demokratie. München 1976

BRACHER, KARL DIETRICH; SAUER, WOLFGANG; SCHULZ, GERHARD: Die nat. soz. Machtergreifung. Studien zur Errichtung des totalitären Herrschaftssystems in Deutschland. Köln 1960

BRAMSTED, ERNEST K.: Goebbels und die nat. soz. Propaganda 1925–1945. Frankfurt 1971

BREUNING, KLAUS: Die Vision des Reiches. Deutscher Katholizismus zwischen Demokratie und Diktatur (1929–1934). München 1969

BROSZAT, MARTIN: Die nat. soz. Weltanschauung. Programm und Wirklichkeit. Stuttgart 1960
H. und die Genesis der «Endlösung». Aus Anlaß der Thesen von David Irving. In: Vj.hefte f. Zeitgesch. 25 (1977)
Probleme der H.-Forschung. In: KERSHAW, Der H.-Mythos, 1980

BUCHHEIM, HANS; BROSZAT, MARTIN; JACOBSEN, HANS-ADOLF; KRAUSNICK, HELMUT: Anatomie des SS-Staates. 2 Bde. Olten 1965

BUCHHEIT, GERT: Der deutsche Geheimdienst. Geschichte der militärischen Abwehr. München 1966

CORINO, KARL (Hg.): Intellektuelle im Bann des Nationalsozialismus. Hamburg 1980

DALLIN, ALEXANDER: Deutsche Herrschaft in Rußland 1941–1945. Eine Studie über Besatzungspolitik. Düsseldorf 1958

ENSOR, ROBERT CH. K.: Herr Hs. Self-Disclosure in Mein Kampf. Oxford 1939

ERDMANN, KARL-DIETRICH; SCHULZE, HAGEN (Hg.): Weimar. Selbstpreisgabe einer Demokratie. Eine Bilanz heute. Düsseldorf 1980

ERFURTH, WALDEMAR: Die Geschichte des deutschen Generalstabes von 1918–1945. Göttingen 1957

FISCHER, FRITZ: Griff nach der Weltmacht. Die Kriegszielpolitik des kaiserlichen Deutschland 1914/18. Düsseldorf 1963
Bündnis der Eliten. Zur Kontinuität der Machtstrukturen 1871–1945. Düsseldorf 1979

FUNKE, MANFRED (Hg.): H., Deutschland und die Mächte. Materialien zur Außenpolitik des Dritten Reiches. Düsseldorf 1976

GILBERT, MARTIN: Auschwitz and the Allies. London 1981. Dt.: Auschwitz und die Alliierten. München 1982

GLASER, KURT: Der Zweite Weltkrieg und die Kriegsschuldfrage (Die Hoggan-Kontroverse). Würzburg 1965

GÖRLITZ, WALTER: Geldgeber der Macht. Wie H., Lenin, Mao Tse-tung, Mussolini, Stalin und Tito finanziert wurden. Düsseldorf 1976

GOSZTONY, PETER: Hs. fremde Heere. Das Schicksal der nichtdeutschen Armeen im Ostfeldzug. Düsseldorf 1976

GOTTO, KLAUS; REPGEN, KONRAD: Kirche, Katholiken und Nationalsozialismus. Mainz 1980

GRAUPE, HEINZ MOSCHE: Die Entstehung des modernen Judentums. Geistesgeschichte der deutschen Juden 1650–1942. Hamburg 1969

GREBING, HELGA: Der Nationalsozialismus. Ursprung und Wesen. München 1959

HALLGARTEN, GEORGE W. F.: H., Reichswehr und Industrie. Zur Geschichte der Jahre 1918–1933. Frankfurt 1962

HAUSER, OSWALD: England und das Dritte Reich. Eine dokumentarische Geschichte der englisch-deutschen Beziehungen von 1933 bis 1939 auf Grund unveröffentlichter Akten aus dem britischen Staatsarchiv. 2 Bde. Göttingen 1972 und 1982

HEIDEN, KONRAD: Geschichte des Nationalsozialismus. Die Karriere einer Idee. Berlin 1933

HEYEN, FRANZ JOSEF: Nationalsozialismus im Alltag. Boppard 1967

HILBERG, RAUL: The Destruction of the European Jews. Chicago 1961. Dt.: Die Vernichtung der europäischen Juden. Die Gesamtgeschichte des Holocaust. Berlin 1982

HILLGRUBER, ANDREAS: Zur Entstehung des Zweiten Weltkrieges. Forschungsstand und Literatur. Düsseldorf 1980
Der 2. Weltkrieg. Kriegsziele und Strategien der großen Mächte. Stuttgart 1982
Endlich genug über Nationalsozialismus und Zweiten Weltkrieg? Forschungsstand und Literatur. Düsseldorf 1982

HOFFMANN, PETER: Widerstand – Staatsstreich – Attentat. Der Kampf der Opposition gegen H. München 1969
Die Sicherheit des Diktators. Hs. Leibwachen, Schutzmaßnahmen, Residenzen, Hauptquartiere. München 1975

HÖHNE, HEINZ: Der Orden unter dem Totenkopf. Die Geschichte der SS. Gütersloh 1967

HOSSBACH, FRIEDRICH: Zwischen Wehrmacht und H. 1934–1938. Wolfenbüttel 1949

HUBATSCH, WALTHER: Hindenburg und der Staat. Göttingen 1966

Von Geld ist die Rede, von wem noch?

Sein Charakterbild in der Geschichte ...

... schwankt, von der Parteien Gunst und Haß verwirrt, wie kaum eines anderen Menschen historisches Porträt. Ein französischer Schriftsteller stufte die Taten dieses Mannes «im gewaltigen Schatz der menschlichen Kultur» höher ein als «die königlichen Werke der Phantasie, vor Shakespeare, Rimbaud, Goethe, Puschkin». Ein anderer Schriftsteller, Serbokroate und zeitweiliger Weggenosse des Mannes, von dem hier die Rede ist, hielt ihn jedoch «jedes Verbrechens fähig, denn es gibt keines, das er nicht begangen hätte». Und er fuhr fort: «Mit welchem Maß wir ihn auch messen wollen, ihm wird jedenfalls – hoffen wir für alle Zeiten – der Ruhm zufallen, der größte Verbrecher der Geschichte zu sein.»

Der Mann begann seine politische Laufbahn mit Raubüberfällen auf Banken und Geldtransporte, was er «Expropriationen» zugunsten der von ihm als gut befundenen Sache nannte. Und er («Ich traue niemandem, nicht einmal mir selbst») beendete sie mit dem Befehl, eine Gruppe von Ärzten zu liquidieren, die er als Agenten fremder Geheimdienste verdächtigte.

Der Mann wurde 1879 geboren, als Sohn eines trunksüchtigen Schusters, der bisweilen seine letzte Habe versetzte, um sich Geld fürs Trinken zu verschaffen. Als Achtjähriger bekam Sosso, wie die Mutter ihren Sohn nannte, die Pocken, was man ihm zeitlebens ansah. Eine Blutvergiftung nach einem Unfall ließ seinen linken Arm verkrüppeln, ein Umstand, der ihn später vom Militärdienst befreite. Jahre seines Lebens verbrachte er im Untergrund (unter Decknamen wie David oder Koba), Jahre in der Verbannung, ehe er selbst zu der Macht gelangte, andere in den Untergrund zu drängen oder in Verbannung zu schicken. Von wem war die Rede?

(Alphabetische Lösung: 19-20-1-12-9-14)

HUBER, KARL-HEINZ: Jugend unterm Hakenkreuz. Frankfurt 1982

IRVING, DAVID: Die Geheimwaffen des Dritten Reiches. Hamburg 1968

JÄCKEL, EBERHARD: Frankreich in Hs. Europa. Stuttgart 1966

Hs. Weltanschauung. Entwurf einer Herrschaft. Tübingen 1969. Neuf. Stuttgart 1981

H. und die Deutschen. In: Hs. Weltanschauung. Stuttgart 1981

JACOBSEN, HANS-ADOLF: Fall Gelb. Der Kampf um den deutschen Operationsplan zur Westoffensive 1940. Wiesbaden 1957

JUNG, RUDOLF: Der nationale Sozialismus. Seine Grundlagen, sein Werdegang und seine Ziele. München 1922

KANDL, ELEONORE: Hs. Österreichbild. Wien 1963

KERSHAW, IAN: Der H.-Mythos. Volksmeinung und Propaganda im Dritten Reich. Stuttgart 1980

KLEMPERER, KLEMENS VON: Konservative Bewegungen zwischen Kaiserreich und Nationalsozialismus. München 1962

KLÖSS, ERHARD: Der Luftkrieg über Deutschland 1939–1945. Deutsche Berichte und Pressestimmen des neutralen Auslands. München 1963

KOGON, EUGEN: Der SS-Staat. Das System der deutschen Konzentrationslager. Berlin 1947

KRUCK, ALFRED: Geschichte des Alldeutschen Verbandes 1890–1939. Wiesbaden 1954

KRUMMACHER, FRIEDRICH A.; LANGE, HELMUT: Krieg und Frieden. Geschichte der deutsch-sowjetischen Beziehungen. München 1970

KUHN, AXEL: Hs. außenpolitisches Programm. Stuttgart 1970

KÜHNL, REINHARD: Das Dritte Reich in der Presse der Bundesrepublik. Frankfurt 1966

LANGE, KARL: Hs. unbeachtete Maximen. «Mein Kampf» und die Öffentlichkeit. Stuttgart 1968

LAQUEUR, WALTHER: The Terrible Secret. London 1980. Dt.: Was niemand wissen wollte. Die Unterdrückung der Nachrichten über Hs. «Endlösung». Frankfurt 1981

LEPSIUS, RAINER M.: Extremer Nationalismus. Strukturbedingungen vor der nat. soz. Machtergreifung. Stuttgart 1966

MAASS, WALTER B.: Country without a Name – Austria under Nazi Rule 1938–1945. New York 1979

MASER, WERNER: A. H. – Mein Kampf. Der Fahrplan eines Welteroberers. Geschichte – Auszüge – Kommentare. München 1974

MATTHIAS, ERICH; MORSEY, RUDOLF: Das Ende der Parteien 1933. Düsseldorf 1960

MICHALKA, WOLFGANG (Hg.): Nat. soz. Außenpolitik. Darmstadt 1978

MILWARD, ALAN S.: Die deutsche Kriegswirtschaft 1935–1945. Stuttgart 1966

MITSCHERLICH, ALEXANDER und MARGARETE: Die Unfähigkeit zu trauern. Grundlagen kollektiven Verhaltens. München 1967 (Hier: Stuttgart o. J.)

MOHLER, ARMIN: Die konservative Revolution in Deutschland 1918–1932. Ein Handbuch. Darmstadt 1972

MORLEY, JOHN F.: Vatican Diplomacy and the Jews during the Holocaust 1939–1943. New York 1980

MOSSE, GEORGE L.: Ein Volk, ein Reich, ein Führer. Die völkischen Ursprünge des Nationalsozialismus. Königstein 1979

MÜLLER, KLAUS-JÜRGEN: Das Heer und H. Armee und nat. soz. Regime 1933–

161

1940. Stuttgart 1969

NEEBE, REINHARD: Großindustrie, Staat und NSDAP 1930–1933. Göttingen 1981

NIEMÖLLER, WILHELM: Die Evangelische Kirche im Dritten Reich. Handbuch des Kirchenkampfes. Bielefeld 1956

NOLTE, ERNST: Der Faschismus in seiner Epoche. Die Action Française. Der italienische Faschismus. Der Nationalsozialismus. München 1963

PECHEL, RUDOLF: Deutscher Widerstand. Erlenbach 1947

PINGEL, FALK: Häftlinge unter SS-Herrschaft. Widerstand, Selbstbehauptung und Vernichtung im Konzentrationslager. Hamburg 1978

POOL, JAMES und SUZANNE: Who financed H.? New York 1978. Dt.: Hs. Wegbereiter zur Macht. Bern 1979

RAUSCHNING, HERMANN: Die Revolution des Nihilismus. Zürich 1938

REICH, WILHELM: Die Massenpsychologie des Faschismus. Köln 1971

REICHMANN, EVA GABRIELE: Die Flucht in den Haß. Die Ursachen der deutschen Judenkatastrophe. Frankfurt o. J.

REITLINGER, GERALD: The Final Solution. London 1953. Dt.: Die Endlösung. Hs. Versuch der Ausrottung der Juden Europas 1939–1945. Berlin 1961

RINGS, WERNER: Leben mit dem Feind. Anpassung und Widerstand in Hs. Europa 1939–1945. München 1979

RITTER, GERHARD: Das deutsche Problem. Grundfragen deutschen Staatslebens gestern und heute. München 1962

ROTHFELS, HANS: Die deutsche Opposition gegen H. Eine Würdigung. Frankfurt 1958

SCHIEDER, THEODOR: Hermann Rauschnings «Gespräche mit H.» als Geschichtsquelle. Opladen 1972

SCHOENBAUM, DAVID: Die braune Revolution. Eine Sozialgeschichte des Dritten Reiches. Köln 1968

SCHRAMM, WILHELM RITTER VON: Verrat im Zweiten Weltkrieg. Vom Kampf der Geheimdienste in Europa. Berichte und Dokumentationen. Düsseldorf 1967

SCHWEITZER, ARTHUR: Big Business in the Third Reich. Bloomington 1964

SEABURY, PAUL: Die Wilhelmstraße. Die Geschichte der deutschen Diplomatie 1930–1945. Frankfurt 1956

SONTHEIMER, KURT: Antidemokratisches Denken in der Weimarer Republik. Die politischen Ideen des deutschen Nationalismus zwischen 1918 und 1933. München 1962

STEINERT, MARLIES: Hs. Krieg und die Deutschen. Stimmung und Haltung der deutschen Bevölkerung im Zweiten Weltkrieg. Düsseldorf 1970

STERN, J. P.: The Führer and the People. Glasgow 1975. Dt.: Der Führer und das Volk. München 1978

STREIT, CHRISTIAN: Keine Kameraden. Die Wehrmacht und die sowjetischen Kriegsgefangenen 1941–1945. Stuttgart 1978

TREVOR-ROPER, HUGH R.: Hs. Kriegsziele. In: Vj.hefte f. Zeitgesch. 8 (1960)

TURNER, HENRY A.: Faschismus und Kapitalismus in Deutschland. Studien zum Verhältnis zwischen Nationalsozialismus und Wirtschaft. Göttingen 1972

VOGELSANG, THILO: Reichswehr, Staat und NSDAP. Beiträge zur deutschen Geschichte 1930–1932. Stuttgart 1962

WARLIMONT, WALTER: Im Hauptquartier der deutschen Wehrmacht 1939–1945. Grundlagen, Formen, Gestalten. Frankfurt 1962

WEISZ, CHRISTOPH: Geschichtsauffassung und politisches Denken Münchner Historiker der Weimarer Zeit. Berlin 1970

WENDT, BERND JÜRGEN: Economic Appeasement. Handel und Finanz in der britischen Deutschlandpolitik 1933–1939. Düsseldorf 1971

WHEELER-BENNETT, JOHN W.: Die Nemesis der Macht. Die deutsche Armee in der Politik 1918–1933. Düsseldorf 1954

WILHELM, HANS-HEINRICH: Die Truppe des Weltanschauungskrieges. Die Einsatztruppen der Sicherheitspolizei und des SD 1941 und 1942. Stuttgart 1981

ZAYAS, ALFRED M. DE: Die Wehrmacht-Untersuchungsstelle. Unveröffentlichte Akten über alliierte Völkerrechts-Verletzungen im Zweiten Weltkrieg. München 1979

ZENTNER, CHRISTIAN: A. Hs. «Mein Kampf». Eine kommentierte Auswahl. München 1974

(Hg.): Anmerkungen zu Holocaust. Die Geschichte der Juden im Dritten Reich. Bilder, Texte, Dokumente. München 1979

ZIMMERMANN, WERNER GABRIEL: Bayern und das Reich 1918–1923. München 1953

ZIPFEL, FRIEDRICH: Kirchenkampf in Deutschland 1933–1945. Religionsverfolgung und Selbstbehauptung der Kirchen in nat. soz. Zeit. Berlin 1965

ZWEIG, ARNOLD: Bilanz der deutschen Judenheit. Ein Versuch. Amsterdam 1934

Sachregister

(Ohne Anhang)

Namenregister

(Miteinbezogen ist der Anhang, nicht aber die Bibliographie)

Die kursiv gesetzten Zahlen bezeichnen die Abbildungen

Über den Autor

Harald Steffahn, geboren 1930 in Berlin und dort aufgewachsen, volontierte nach dem Abitur zwei Jahre bei einer Hamburger Tageszeitung. 1951 bis 1959 Studium der Geschichte und Politischen Wissenschaft in Hamburg und Berlin (Aubin, Brunner, Fischer, Herzfeld, Lammers, Landshut). Promotion zum Dr. phil. Rückkehr zum Journalismus mit den Berufsstationen «Spiegel»-Archiv, Deutsche Presse-Agentur, politische Redaktion der «Zeit». Seit 1975 selbständig. Die Bildmonographie über Hitler faßt zwanzigjährige rezensierende und essayistische Beschäftigung mit der Zeitgeschichte zusammen. Als Rowohlt-Autor schrieb Harald Steffahn 1979 eine Bildmonographie über Albert Schweitzer (rm 263, 2. Aufl. 1981) – seine «humane Antithese».

Quellennachweis der Abbildungen

Aus: Adolf Hitler, «Mein Kampf», München 1933: 6
Aus: Albert Speer, «Erinnerungen», Berlin 1969: 8, 100
Foto: Heinrich Hoffmann: 10 , 12, 44
Foto: Max Ehlert: 14
Privat-Archiv: 18, 24, 25, 26, 27, 33 li., 33 re., 50, 59, 67, 73, 77, 81, 82, 83, 85, 86,
    89, 90, 91, 97, 98, 103 li., 110, 113, 121, 129 o., 129 u., 130
Aus: Werner Maser, «Adolf Hitler», München–Berlin 1971: 20, 21, 24, 40, 45, 47,
    109
Aus: «Das Dritte Reich»: 34 (Heft Nr. 7), 55, 65, 103 re., 107 (Sonderheft «Adolf
    Hitler»), 56 (Heft Nr. 10), 62 (Heft Nr. 9), 118 (Heft Nr. 14), 124 (Heft Nr. 23)
Aus: Franz Hubmann, «Das jüdische Familienalbum», Wien–München–Zürich
    1974: 36
Aus: Sebastian Haffner, «Die deutsche Revolution 1918/19», München 1979: 49,
    53
Aus: Christian Zentner, «Deutschland 1870 bis heute», München 1970: 70
Aus: Christian Zentner, «Adolf Hitler», München–Zürich, 1979: 71
Aus: «Völkischer Beobachter»: 75
Aus: Christian Zentner, «Weltgeschichte», München 1972: 122
Aus: «1863–1963, Hundert Jahre deutsche Sozialdemokratie», Hannover 1963: 88,
    92, 126/27
Aus: Hans Hagemeyer, «Gestalt und Wandel des Reiches», Berlin 1944: 94, 111
Ullstein-Bilderdienst, Berlin: 100
Aus: Gerhard Schoenberner, «Der gelbe Stern», Gütersloh 1960: 104, 114
Aus: Joe J. Heydecker und Johannes Leeb, «Der Nürnberger Prozeß», Köln 1979:
    112
Aus: Joachim C. Fest, «Hitler», Frankfurt–Berlin–Wien 1973: 128
Aus: John Toland, «Adolf Hitler», New York 1976: 102 re.

rowohlts mono-graphien

in Selbstzeugnissen
und Bilddokumenten
Herausgegeben
von Kurt und Beate
Kusenberg

Betrifft: Geschichte

rowohlts mono-graphien

in Selbstzeugnissen
und Bilddokumenten
Herausgegeben
von Kurt und Beate
Kusenberg

bildmono rororo graphien

Betrifft: Geschichte